기독교문서선교회 (Christian Literature Center: 약칭 CLC)는 1941년 영국 콜체스터에서 켄 아담스에 의해 시작되었으며 국제 본부는 미국 필라델피아에 있습니다. 국제 CLC는 59개 나라에서 180개의 본부를 두고, 약 650여 명의 선교사들이 이동도서차량 40대를 이용하여 문서 보급에 힘쓰고 있으며 이메일 주문을 통해 130여 국으로 책을 공급하고 있습니다. 한국 CLC는 청교도적 복음주의 신학과 신앙서적을 출판하는 문서선교기관으로서, 한 영혼이라도 구원되길 소망하면서 주님이 오시는 그날까지 최선을 다할 것입니다.

서 문 강 목사
중심교회 담임

본 추천인은 본서의 저자 강문진 목사와 오랫동안 주님 안에서 교제한 터라, 그가 이 '거듭남'의 문제를 다루기에 필요한 자질을 갖추었다고 믿고 기쁨으로 추천의 말씀을 드립니다.

강 목사는 목회자요 설교자요 신학자로서 주님 앞에 항상 겸비하면서 영혼들을 사랑하는 열망을 늘 견지하는 하나님의 사람입니다. 성령 하나님께서 당신의 귀한 종을 격려하시어 본서를 내어 당신의 신실한 사람들에게 '거듭나게 하시는 성령 하나님의 역사'에 대한 진리를 공유하게 하심을 인하여 감사와 찬미를 드립니다.

'거듭남'의 주제는 믿는 모든 자에게 구원을 주시는 하나님의 복음을 다른 모든 종교나 도덕률의 부류에서 현저하게 떼어 놓습니다. 그것도 복음의 탁월성을 분량이나 정도에 있어서 보여주는 차원에서가 아닙니다. 도리어 그 본질의 차원에서 복음의 초월성을 고고하게 드러냅니다.

본서는 '거듭남'에 대하여 설교자들이나 성도들이 다 함께 공유해야 할 요점들을 잘 간추려 놓았습니다. '거듭남'에 대하여 야기되는 여러 오해를 짚어주고, 더 적극적으로 '거듭남'의 핵심적인 요점들을 성경과 역사적 개혁주의 신학의 유산들에 비추어 풀어주고 있습니다. 본서가 신실한 독자들의 믿음을 위하여 좋은 터를 제공하여 줄 것을 확신하며 이에 추천하는 바입니다.

서 창 원 박사
총신대학교 신학대학원 역사신학 교수

기본 혹은 근본만이라도 잘 갖추어진다면 사회적 혼란과 무질서로 인하여 지불하는 비용은 엄청나게 절감됩니다. 신앙생활도 마찬가지입니다. 기본기가 안 되어 있는 사람들 때문에 교회가 지출하는 낭비는 실로 큽니다.

저자 강문진 목사가 쓴 본서는 바로 영적 세계의 기본기에 대한 책입니다. 눈길을 끌지 않을 수 없습니다. 기본기는 아무나 쓸 수 있는 내용이 아닙니다. 기본기는 무엇이든지 그 분야의 전문인들이나 고수들이 피력할 것입니다. 전문 지식과 경험을 갖춘 자가 아니면서 기본기를 가르친다는 것은 가르치는 자나 그 밑에서 배우는 자 모두가 불행합니다.

영적 세계도 마찬가지입니다. 거듭남은 신앙의 'A to Z'입니다. 신앙생활의 모든 것이 여기에서 출발하고 이 때문에 풍요로워집니다. 그리고 마침내 영화로운 자리에까지 나아갑니다. 거듭남의 생명은 전적인 은혜로 주어지는 선물입니다.

그렇기 때문에 신자는 그 선물을 소중히 여깁니다. 그 선물을 주신 분께 자신을 온전히 드립니다. 더 이상 내가 내 것이 아니라 사나 죽으나 그 선물을 주시려고 육신을 입으시고 천한 이 세상에 오시어 십자가상에서 물과 피를 다 쏟아주시기까지 우리를 사랑해 주신 주님의 것으로 봉헌하기를 마다하지 않는 것입니다. 성 어거스틴의 회심을 이끌었던 음성으로 마무리합니다

"톨레 레게, 톨레 레게"(*tolle lege, tolle lege*, 들고 읽으라, 들고 읽으라) 이 책을!

문 병 호 박사
총신대학교 신학대학원 조직신학 교수

글은 사람을 비추는 거울과 같습니다. 하나님의 말씀을 다루는 글은 저자의 신앙과 고백의 거울이라 할 것입니다. 중생은 회개와 더불어 하나님의 전적인 은혜의 선물로서 하나님이 자기 백성을 의롭게 칭하시고 자녀 삼아주시는 과정에서 믿음에 필히 수반됩니다. 로마 가톨릭은 회개를 공로로 보아서 보속 개념을 말하고 사제 중보주의에 기초해서 공적인 고백을 요구하지만, 성경의 가르침은 영접과 믿음이 모두 하나님의 뜻으로 말미암음을 전합니다.

중생도 이와 다르지 않아, 전적인 하나님의 은혜의 선물입니다. 저자 강문진 목사는 칼빈과 그를 잇는 개혁신학자들의 정통적인 가르침에 온전히 서서 올바로 가르치고 올바로 선포하려고 애쓰십니다. 성경을 엄밀하게 주해하고 그 신학적인 뜻을 깊이 살핀 후 말씀에 따라서 가고 서는 것이 뚜렷한 설교를 하십니다. 그리하여 그 말씀이 사람의 말이 아니라 하나님의 말씀으로 성도의 심령에 울리게 하십니다.

본서에는 이러한 저자의 모습이 고스란히 반영되어 있습니다. 『거듭남, 새로운 시작』이라는 제목 자체가, 중생의 본질이 죄사함과 의의 전가를 두 요소로 하는 옛 것이 지나가고 새 것이 된 법정적 선포에 따른 신분의 변화와 함께 주어지는 단회적이고 전인적인 변화라는 점을 시사합니다. 본서의 일곱 장들 각각은 우리의 심령에 매번 잔잔한 감동을 전합니다. 그 감동이 널리 전해지길 소망하면서 감히 추천해 갈음합니다.

거듭남, 새로운 시작

Regeneration, New Beginning
Written by Kang, Mun-jin
All rights reserved.
Korean Edition Copyright ⓒ 2019, 2020 by Christian Literature Center, Seoul, Korea

거듭남, 새로운 시작

2019년 12월 31일 초판 발행
2020년 2월 10일 초판 2쇄 발행

지은이 | 강문진

편집 | 김현준, 정재원
디자인 | 한우식
펴낸곳 | (사)기독교문서선교회
등록 | 제16-25호(1980.1.18.)
주소 | 서울특별시 서초구 방배로 68
전화 | 02-586-8761~3(본사) 031-942-8761(영업부)
팩스 | 02-523-0131(본사) 031-942-8763(영업부)
이메일 | clckor@gmail.com
홈페이지 | www.clcbook.com
송금계좌 | 기업은행 073-000308-04-020 (사)기독교서선교회

ISBN 978-89-341-2062-9 (03230)

이 도서의 국립중앙도서관 출판예정도서목록(CIP)은 서지정보유통지원시스템 홈페이지(http://seoji.nl.go.kr)와 국가자료공동목록시스템(http://www.nl.go.kr/kolisnet)에서 이용하실 수 있습니다. (CIP제어번호: CIP2019048520)

이 책의 저작권은 저자와 (사)기독교문서선교회가 소유합니다. 신저작권법에 의하여 한국 내에서 보호받는 저작물이므로 무단 전재와 무단 복제를 금합니다.

거듭남,
새로운 시작

거듭남은 신앙생활의 첫 출발이다

강문진 지음

"그리스도인이여,
여러분의 거듭남을 확인하십시오!"

CLC

목 차

추천사 1
들어가는 말 10

제1장 새로운 시작
1. 거듭남은 영적인 출생이다   14
2. 단순한 외적인 개혁이 아니다   19
3. 새롭게 된 사람들   24
4. 니고데모는 거듭남을 몰랐다   30
5. 거듭남은 신앙생활의 첫 출발이다   34

제2장 왜 거듭나야 하는가?
1. 인간의 본성은 천국에 이질적이다   39
2. 도덕으로는 새롭게 되지 않는다   43
3. 인간은 하나님을 아주 싫어한다   46
4. 빛보다 어둠을 더 사랑한다   51
5. 세상을 너무도 사랑한다   54

제3장 우리는 스스로 거듭날 수 없다
1. 사람의 의지와 무관하다   59
2. 성령의 주권적인 역사로 거듭난다   65
3. 바람이 임의로 불매   69
4. 사람의 변화된 모습이 말하는 것   74
5. 거듭나면 거룩한 성령을 닮는다   81

제4장 하나님은 어떤 수단을 사용하시는가?

1. 말씀이 유일한 수단이다 87
2. 거듭남의 수단이 아닌 것들 90
3. 하나님의 말씀으로 변화되다 95
4. 복음의 말씀을 들어야 한다 100
5. 거듭나게 하는 수단의 놀라운 능력 105

제5장 새 것이 되었도다

1. 생각이 완전히 바뀐다 111
2. 죄를 미워하기에 죄와 싸운다 117
3. 거룩한 삶을 살고자 애쓴다 122
4. 선한 행실이 나타난다 127
5. 땅의 것이 아니라 하늘의 것을 소망한다 132

제6장 이른 시기에 거듭나야 한다

1. 거듭남보다 중요한 것은 없다 136
2. 거듭나기를 간절히 추구하라 142
3. 그만큼 죄를 덜 짓는다 147
4. 더 많은 은혜를 경험한다 152
5. 복음을 위하여 더 많이 일할 수 있다 156

제7장 거듭난 자를 위한 천국

1. 죽는 것도 유익함이라 163
2. 그리스도와 함께 영원히 169
3. 감미롭고도 달콤한 안식을 누린다 174
4. 사랑스러운 교제를 나눈다 176
5. 영원히 평화 가운데 산다 179
6. 온 우주에 울려 퍼지는 찬송의 소리 181

들어가는 말

강 문 진 목사
진리교회 담임

 그리스도인으로서의 첫 출발은 거듭나는 것입니다. 만약 거듭나지 않았다면 그리스도인으로서 시작도 하지 않은 것입니다. 그런 상태에서의 신앙생활은 형식적인 것에 불과합니다.

 예수님 당시의 서기관들과 바리새인들은 종교적인 의무들을 행하는 데 아주 열심이었습니다. 그들은 회당과 큰 거리 어귀에 서서 기도하였고 모세의 자리에 앉아서 가르쳤으며, 또한 박하와 회향과 근채의 십일조를 드렸습니다.

 그러나 안타깝게도 그들은 거듭나지 않았고, 그들의 신앙은 외식적인 것이었습니다. 그래서 예수님은 그들을 향하여 다음과 같이 책망하셨습니다.

> 화 있을진저 외식하는 서기관들과 바리새인들이여 잔
> 과 대접의 겉은 깨끗이 하되 그 안에는 탐욕과 방탕으
> 로 가득하게 하는도다(마 23:25).

광야에 있던 이스라엘 백성들도 마찬가지였습니다. 그들은 애굽으로부터 탈출하여 젖과 꿀이 흐르는 가나안 땅을 향하여 가고 있었지만, 그들의 마음은 항상 애굽을 그리워하였습니다. 그들은 하늘에서 내린 만나를 멸시하면서 말하였습니다.

> 우리가 애굽에 있을 때에는 값없이 생선과 오이와 참외
> 와 부추와 파와 마늘들을 먹은 것이 생각나거늘(민 11:5).

결국 그들은 가나안 땅에 들어가지 못하였습니다.
그 이유가 무엇입니까?
그것은 바로 그들이 거듭나지 못하였기 때문입니다. 오늘날 교회 안에 거듭나지 못한 채 교회 문만 밟고 다니는 사람들이 있습니다. 그런 사람들은 거듭남에 대한 진리가 무엇인지를 시급히 배워야 합니다.
예수님은 사람이 거듭나지 못하면 천국에 들어가지 못

한다고 말씀하셨으니, 거듭남보다 더 관심을 기울여야 할 진리가 또 어디에 있겠습니까?

예배당에 발을 들여놓았다고 자동으로 구원을 얻는 것이 아닙니다. 그리스도의 복음을 듣고 성령으로 거듭날 때 비로소 구원을 얻을 수 있습니다.

신앙생활에서 첫 출발은 거듭남입니다. 첫 출발을 잘 하였을 때 성경에서 약속하고 있는 풍성한 은혜들을 경험할 수 있습니다. 하나님을 더 깊이 알아가는 것도, 속사람이 능력으로 더욱 강건해지는 것도, 그리고 천국의 영광이 얼마나 풍성한지를 더 깊이 깨닫는 것도 모두 거듭났을 때 가능한 일입니다.

거듭나지 않으면 하늘에 속한 부유한 은혜를 누리지 못합니다. 거듭나지 않으면 하나님의 말씀인 성경이 무엇을 뜻하는지 올바로 이해하지 못합니다. 거듭나지 않으면 찬란하고도 영광스러운 천국에 들어가지 못합니다.

예수님은 사람이 물과 성령으로 거듭나지 아니하면 하나님의 나라에 절대로 들어갈 수 없다고 단언하셨습니다. 오직 거듭나서 새로운 시작을 한 사람만이 천국에 들어갈 수 있습니다.

사람이 거듭나게 되면 그 후에 성화의 삶 속에서 영광

에서 영광으로 변화돼 갑니다. 그리고 그는 죽어서 영광의 상태로 들어가게 되는 것입니다. 사람이 성령으로 새롭게 될 때 비로소 소망이 있습니다. 사람들은 반드시 거듭나야 합니다. 왜냐하면, 그것이 천국을 향하여 달려가는 새로운 시작이며 또한 첫 출발이기 때문입니다.

2019년 12월
새해를 앞두고 있는 계절에

제1장

새로운 시작

1. 거듭남은 영적인 출생이다

거듭남은 영적으로 다시 태어나는 것입니다. 이것은 대단히 신비스러운 현상입니다. 아기들이 출생하는 것을 보면 얼마나 신기한지 모릅니다.

하물며 영적으로 출생하는 일은 어떻겠습니까?

사람이 영적으로 다시 태어나는 것은 가장 놀라운 현상입니다. 그래서 니고데모는 거듭남에 관하여 들었을 때 매우 놀랐던 것입니다. 예수님은 그에게 말씀하셨습니다.

사람이 거듭나지 아니하면 하나님의 나라를 볼 수 없느니라(요 3:3).

니고데모는 예수님의 말씀에 적지 않게 놀라면서 어떻게 그와 같은 일이 일어날 수 있는지 물었습니다.

예수님이 육으로 난 것은 육이고 영으로 난 것은 영이라고 말씀하셨을 때 그는 그것을 도무지 믿을 수가 없었습니다(참고, 요 3:1-10). 처음에 그는 거듭나는 것을 늙어서 두 번째 모태에 들어갔다가 다시 출생하는 것으로 오해하였습니다.

그러나 예수님은 거듭나는 것이란 그런 것이 아니고 영적으로 다시 출생하는 것이라고 말씀해 주셨습니다. 그 말을 들은 니고데모는 너무 놀라서 입이 다물어지지 않았습니다.

"거듭나야 한다"는 진리는 우리의 생각과 상상을 훨씬 뛰어넘는 신비스러운 진리입니다. 이것은 영적인 출생이기 때문에 어떤 의미에서 인생이 새롭게 시작되는 것입니다.

거듭난 사람은 영혼이 새롭게 변화된 사람을 뜻합니다. 그의 겉모양은 변함이 없습니다. 그의 외모는 달라지지 않았습니다. 변화된 것은 그의 영혼입니다. 성경에 보면 거듭난 사람을 "새 사람" 또는 "새로운 피조물"이라고도 표현하였습니다.

> 하나님을 따라 의와 진리의 거룩함으로 지으심을 받은 새 사람을 입으라(엡 4:24).

> 그런즉 누구든지 그리스도 안에 있으면 새로운 피조물이라 이전 것은 지나갔으니 보라 새 것이 되었도다 (고후 5:17).

존 오웬은 이렇게 말했습니다.

> 새로운 피조물이 되는 것은 하나님의 창조적 능력의 역사다. 그렇다고 하나님이 처음 창조한 것과 같은 피조물이란 뜻은 아니다. 새로운 피조물이 된다는 것은 우리의 영혼에 초자연적인 능력이 주입된다는 말이다. 새로운 피조물이란 새롭게 창조된다는 말도 아니다. 새로운 피조물이란 영혼의 문제이며, 인간의 본성과 생활이 변화되는 것을 말한다.

여기서 오웬이 말한 대로, 새로운 피조물이란 인간의 본성과 생활이 변화된 사람을 뜻합니다. 바울은 새로운 피조물을 이렇게 표현하였습니다.

> 우리는 … 그리스도 예수 안에서 선한 일을 위하여 지으심을 받은 자니(엡 2:10).

이처럼 사람이 거듭나게 되면, "새 사람," "새로운 피조물," 그리고 "그리스도 예수 안에서 선한 일을 위하여 지으심을 받은 자"가 되는 것입니다.

사람이 거듭나면 그 이후에 육체적 출생과 마찬가지로 성장하게 됩니다. 요한일서 2장에 나오는 "아비들아," "청년들아," "아이들아"라는 말은 그리스도인들의 신앙 상태를 뜻합니다.

"아비들"이란 영적으로 성숙한 사람을 뜻하는 것이고 "청년들"은 중간 정도의 신앙을 가진 신자를 의미합니다. 그리고 "아이들"은 거듭난 지 얼마 되지 않는 초보적인 신앙인들을 의미합니다. 이처럼 영적인 출생에도 육체적 출생과 마찬가지로 성장하는 과정이 있습니다.

그러므로 사도 베드로는 그의 서신을 받아보는 수신자

들에게 그리스도의 은혜와 지식 안에서 성장해야 한다고 말하였던 것입니다(참고, 벧후 3:18).

신앙이라는 것은 생명력이 있으므로 우리 몸과 같이 자라나게 됩니다. 처음에는 영적 갓난아기이므로 순전하고 신령한 젖을 먹어야 합니다. 그러다 성장하면 단단한 음식도 먹을 수 있습니다.

히브리서 5:12-14은 이렇게 말씀합니다.

> 때가 오래 되었으므로 너희가 마땅히 선생이 되었을 터인데 너희가 다시 하나님의 말씀의 초보에 대하여 누구에게서 가르침을 받아야 할 처지이니 단단한 음식은 못 먹고 젖이나 먹어야 할 자가 되었도다 이는 젖을 먹는 자마다 어린 아이니 의의 말씀을 경험하지 못한 자요 단단한 음식은 장성한 자의 것이니 그들은 지각을 사용함으로 연단을 받아 선악을 분별하는 자들이니라 (히 5:12-14).

히브리서를 받아본 신자들은 벌써 장성한 신앙의 수준에 도달해 있어야 했습니다.

그러나 안타깝게도 그들의 신앙은 답보상태였습니다.

그들은 시간이 많이 흘렀음에도 여전히 젖이나 먹어야 할 처지에 있었습니다. 그래서 히브리서 저자는 그들을 책망하였던 것입니다. 사람이 거듭나게 되면 그 이후에 영적으로 계속 성장해야 합니다.

거듭나는 것은 첫 출발입니다. 거듭났다는 것은 이제 영적인 갓난아기가 되었다는 의미입니다. 거듭나는 순간에 모든 것이 다 완성되는 것이 아닙니다. 거듭나면 이제 막 새로운 피조물이 된 것이고 그래서 이제 새로운 삶을 시작하는 것입니다.

2. 단순한 외적인 개혁이 아니다

거듭남은 단순한 외적인 삶의 개혁이 아닙니다. 사람들은 어려운 일을 만나면 자신의 외적인 행동을 개혁해서 새로운 삶을 살려고 결심합니다. 그들은 그동안 자유분방하게 살았으나 결심을 하고 난 후에는 절제하면서 더 나은 삶을 살려고 발버둥 칩니다. 그래서 결심 전과 다른 다소 개선된 삶의 모습을 보여주기도 합니다.

그러나 거듭나는 것은 그런 것이 아닙니다. 거듭남이

란 단순한 외적인 개혁이 아니고 사람의 영혼이 완전히 새롭게 변화되어서 새로운 피조물이 되는 것을 의미합니다. 거듭나는 것은 옛 사람을 일부 개선해서 되는 것이 아닙니다.

옛 사람은 아무리 많이 수리하고 고쳐도 여전히 옛 사람입니다. 새 건물을 지으려면 옛 건물을 허물어야 합니다. 옛 건물의 기둥들과 골격들을 그대로 두고 새 건물을 지을 수 없습니다. 설령 그런 상태에서 새 건물을 지었다고 하더라도 그것은 진정한 의미에서 새 건물이라고 말할 수 없습니다.

새 건물을 짓고 싶으면 오래된 옛 건물을 완전히 무너뜨려야 합니다. 옛 건물을 떠받치고 있는 크고 굵은 기둥들을 파괴하고 없애버려야 합니다. 새로운 건물을 짓고자 한다면 기존의 기둥들과 벽들을 완전히 파괴하고 그곳에 아무것도 남기지 않아야 합니다. 그럴 때 그곳에 새로운 건물을 세울 수 있습니다.

거듭난다는 것도 똑같습니다. 거듭나는 것은 옛 사람이 사라지고 새사람이 되는 것입니다. 에스겔 선지자는 거듭나게 되면 새 영과 새 마음을 소유하게 된다고 말하였습니다.

> 또 새 영을 너희 속에 두고 새 마음을 너희에게 주되 너희 육신에서 굳은 마음을 제거하고 부드러운 마음을 줄 것이며(겔 36:26).

여기서 굳은 마음은 우리의 옛 사람을 뜻합니다. 그것은 사라져야 합니다. 그리고 그 대신에 새 영, 새 마음을 받아야 합니다. 그것이 바로 거듭나는 것입니다. 영혼이 새롭게 변화되지 않은 채, 그저 외적인 삶의 일부분이 개혁되는 것은 결코 거듭나는 것이 아닙니다. 거듭나는 것은 영혼이 완전히 새롭게 되는 것입니다.

어떤 사람들은 세례를 받으면 자동으로 거듭나는 것으로 생각합니다. 그렇지 않습니다. 세례는 거듭나서 신앙을 고백하는 사람에게 주는 예식입니다. 그러므로 세례를 받기 전에 먼저 사람이 복음의 말씀과 성령으로 변화되어야 합니다.

에디오피아 내시가 이사야의 글을 읽고 있을 때 빌립이 가까이 다가가서 읽고 있는 것을 이해하는지 물어보았습니다(참고, 행 8:26-30). 그는 지도하는 사람이 없으므로 이해하지 못한다고 말했습니다. 그때 빌립이 내시에게 복음을 전하였고 그 결과 그는 새롭게 변화되었습니다. 그때 그는 빌립에게 세례를 받겠다고 요청하였는데 빌립은 그가 거듭난 것이 너무도 분명하였기에 그에게 세례를 베풀었습니다.

만약 내시가 변화되지 않았더라면 빌립은 그에게 세례를 주지 않았을 것입니다. 세례라는 것은 영혼이 새롭게 변화된 사람에게 주는 의식입니다.

『웨스트민스터 대요리문답』 165문답에서 세례에 대하여 이렇게 말합니다.

> 세례는 그리스도께서 성부와 성자와 성령의 이름으로 물로 씻음을 정하신 신약의 한 성례다. 이것은 그리스도 자신에게 접붙이고, 그의 피로 죄 사함을 받고, 그의 영으로 거듭나고, 양자가 되어 영생에 이르는 부활의 표와 인침이다. 이로써 세례받은 당사자들은 엄숙히 유형적 교회에 가입하게 되어 전적으로 오직 주께만 속한다는 약속을 공개적으로 고백함으로 맺게 되는 것이다.

여기서 세례는 성령으로 거듭난 것을 인 치는 것이라고 하였습니다. 세례를 받으면 자동으로 거듭나는 것이 아닙니다. 먼저 거듭나야 하고 그다음에 세례를 받는 것입니다.

거듭난 시간을 아는 것이 중요하다고 주장하는 사람들이 있습니다. 그런 자들은 거듭난 시간을 알아야지 그것이 진정 거듭난 것이라고 말합니다.

그러나 그것은 크게 잘못된 주장입니다.

세 살 난 아이에게 생일이 언제인지 물어보았는데 그 아이가 모른다고 답하면 그 아이에게 "너는 아직 태어나지 않은거야"라고 말할 수 있습니까?

생일을 모른다고 그 아이의 존재 자체를 부정하는 것은 너무도 우스운 일입니다. 그 아이는 지금 이미 출생하여 말을 하고 있고 걸어 다니고 있습니다. 그 아이는 지금 활동을 하고 있습니다. 그런 아이에게 자기가 태어난 시간을 모른다고 출생하지 않은 것으로 말한다면 그것은 무지의 극치입니다.

거듭나는 시간을 아는 것과 거듭나는 것은 아무런 상관이 없습니다. 자신이 언제 거듭났는지 그 날짜와 시간을 알지 못한다고 해서 거듭나지 않은 것이 아닙니다. 거듭난 시간을 아는 것이 중요한 것이라고 주장하는 것은 너무도 크게 잘못된 것입니다.

거듭남(Born again), 또는 중생(Regeneration)이란 영혼이

새롭게 변화되어 새사람, 새로운 피조물이 되는 것을 말합니다. 거듭나는 것은 단순한 외적인 삶의 개혁이 아닙니다. 또 세례를 받는 것 자체가 거듭나는 것도 아닙니다.. 또 거듭나는 시간을 알아야지 그것이 진정 거듭나는 것이라고 말할 수도 없습니다.

거듭나는 것은 그런 것이 아닙니다. 그것은 영적으로 새롭게 출생하는 것입니다. 이것은 영적으로 다시 출생하는 대단히 신비로운 현상입니다.

3. 새롭게 된 사람들

약 1백 년 전에 미국의 선교사들이 우리나라에 들어와 복음을 전하면서 교회들을 세워나갔습니다. 그때 많은 사람이 거듭나는 놀라운 역사가 이 땅에 일어났습니다.

그중에 하나가 1904년도에 있었던 천씨라는 여인이 거듭난 일입니다. 그녀는 의주와 평양 사이에 있는 성벽도시 안주에 살았습니다. 그녀는 나이가 많은 과부였는데, 똑같은 처지의 최씨라는 여인의 집에 같이 살고 있었습니다.

그런데 어느 날 최씨가 예수님을 믿게 되었습니다. 예수님을 믿고 난 후 최씨는 자기가 살던 집을 안주교회에 드렸습니다. 그리고 최씨는 교회에 들어가서 살았습니다. 그러니 같이 살고 있던 천씨도 하는 수 없이 교회에 들어가서 살 수밖에 없었습니다.

그런데 천씨는 예수님을 믿지 않았을 뿐만 아니라 그리스도인들을 아주 많이 미워하고 증오하였습니다. 그런 천씨가 교회에 들어가서 사니 그 교회 성도들의 고통이 대단히 컸습니다. 천씨는 교회에서 그리스도인들이 모여 찬송하고 기도할 때에, 그 소리를 들으면 들을수록 더 악해져 갔습니다. 그녀는 비명을 지르고 머리카락을 쥐어뜯고 소동을 일으켰습니다.

그 교회의 성도들이 그것을 참아내는 것은 아주 힘든 일이었습니다. 어느 때는 여자 성경반 모임에 들어오는 성도들에게 욕설과 저주를 퍼부은 적도 있는데 그때 젊은 여성도들은 기겁하고 도망갔습니다. 천씨는 그토록 강퍅한 여인이었습니다.

그런데 바로 그 여인이 복음으로 거듭나게 된 것입니다. 그때 안주교회를 맡고 있던 윌리엄 블레어(William Blair) 선교사는 천씨의 변화된 모습에 대해 이렇게 말하였습니다.

> 그녀의 얼굴에 나타난 변화는 보기만 해도 아름다웠다. 예전에 나는 그녀를 딱딱하게 굳은 얼굴에다 증오심으로 가득하여 신성모독을 일삼은 여자로만 알았다.
> 그러나 이제는 얼굴에서 딱딱한 자취가 사라지고 구도자적인 그 심령에는 커다란 평안과 사랑이 충만해 있다. 내 기억 속에 남아 있는 그녀의 대조적인 두 얼굴을 생각하면 절로 놀라움에 사로잡힌다.

이것이 바로 거듭나는 놀라운 변화입니다. 천씨는 새롭게 된 이후에 대단히 능력 있게 복음을 전하였습니다. 천씨는 죽기 바로 직전에 블레어 선교사에게 이렇게 말했습니다.

> 나는 죽는 것이 두렵지 않습니다. 다만 너무 지쳐서 예수님과 함께 있고 싶을 뿐입니다.

거듭나는 것은 바로 이와 같은 것입니다. 옛 사람이 변하여 새사람이 되는 것입니다.

18세기 미국의 위대한 설교자였던 조나단 에드워즈(Jonathan Edwards)는 자신의 거듭남에 대하여 이렇게 말하였습니다.

> 지금까지 수없이 들어온 하나님과 신성한 것들에서 일종의 영적이고 달콤한 기쁨을 기억하는 첫째 실례는 디모데전서 1:17의 말씀을 읽을 때였다.
> "영원하신 왕 곧 썩지 아니하고 보이지 아니하고 홀로 하나이신 하나님께 존귀와 영광이 영원무궁하도록 있을지어다 아멘."
> 이 말씀이 내 영혼에 들어와서 온 영혼 속에 녹아들어 갔다. 거룩하신 존재에 대한 깨달음은 내가 전에 경험했던 것과는 판이한 것이었다. 그 말씀처럼 내 영혼에 와 닿았던 말씀은 일찍이 없었다.

이것이 바로 새로운 피조물이 되는 거듭남입니다. 에드워즈는 하나님의 은혜로 새롭게 변화되었습니다.

어거스틴(Augustine)은 오랜 방황 끝에 거듭났습니다. 그는 마니교에 들어가서도 진리를 찾고자 애썼지만 실패하고 여전히 방황하고 있었습니다. 그러다 그는 하나님의 놀라운 은혜로 거듭나게 되었습니다. 그가 쓴 『참회록』에 보면 그 일을 이렇게 기록해 놓았습니다.

내 영혼 깊숙이 숨겨져 있는 인생의 비참함이 그대로 내 눈앞에 드러났고 강한 폭풍이 내 영혼을 흔들더니 내 눈에서는 눈물이 폭우처럼 쏟아지기 시작했습니다. 나는 통곡하고 싶었습니다. 홀로 조용히 통곡하고 싶었습니다.

그래서 알리피우스 곁을 떠나 좀 더 호젓한 곳으로 갔고 그곳에서 아무 방해도 받지 않은 채 통곡했습니다. 나는 진실로 그 죄악 때문에 괴로움과 고통 중에서 부르짖었습니다.

"주님, 언제까지 내일내일 할 것입니까?"
"왜 지금은 안 됩니까?"
"왜 나의 더러운 생활을 이 순간에 깨끗이 끝내지 못합니까?"

그처럼 말하며 애통해하는 마음으로 참회하고 나는 울었습니다. 갑자기 가까운 곳에서 한 음성이 내 귀에 들려 왔습니다. 소년의 음성인지 소녀의 음성인지 구분할 수 없었지만 계속해서 반복되는 노래의 가사 말과 같았습니다.

"집어 들고 읽어라, 집어 들고 읽어라."

그 순간 나의 얼굴은 변했고 나는 그 노래가 흔히 어린 아이들이 부르는 노래인가를 조심스럽게 생각해 보았습니다.

그러나 그 노래는 전에 결코 내가 들어본 적이 없는 노래였습니다. 나는 급히 알리피우스가 앉았던 장소로 돌아가서 거기에 둔 사도 바울의 서신을 펴들고 제일 먼저 내 눈길이 닿는 부분을 읽었습니다.

"낮에와 같이 단정히 행하고 방탕하거나 술 취하지 말며 음란하거나 호색하지 말며 다투거나 시기하지 말고 오직 주 예수 그리스도로 옷 입고 정욕을 위하여 육신의 일을 도모하지 말라"(롬 13:13-14).

나는 더 읽지 않았습니다. 더 읽을 필요가 없었습니다. 광명한 확신의 빛이 나의 마음을 비쳐 내 속에 있던 모든 의심의 어두움을 물리쳐 주었기 때문입니다.

이것이 바로 그 유명한 어거스틴이 거듭날 때 있었던 일입니다. 그때 그는 거듭나서 완전히 새로운 사람이 되었습니다.

거듭난다는 것은 이처럼 영혼이 완전히 새롭게 변화되는 것을 뜻합니다. 거듭나게 되면 옛 사람은 사라지고 새 사람이 됩니다. 거듭나면 새로운 피조물이 됩니다. 그러면 그의 생각과 가치관이 완전히 바뀌고 또한 그의 영혼의 내면적인 변화가 외적인 행동에까지 영향을 미치게 됩니다. 그것이 바로 거듭나는 것입니다.

4. 니고데모는 거듭남을 몰랐다

놀라운 사실은 니고데모는 이런 거듭남에 대해 알지 못했다는 것입니다. 그는 바리새인이며 또한 유대인의 지도자였습니다. 유대인의 지도자라는 것은 유대 사회의 최고 권력 기관인 산헤드린 공의회의 회원이었다는 의미입니다. 그런 그가 밤중에 조용히 예수님을 찾아왔습니다. 그는 예수님은 하나님에게서 오신 선생이시며 또한 예수님이 행하시는 표적은 하나님이 함께하시기 때문에 가능한 것이라고 고백하였습니다(요 3:1-2).

니고데모는 다른 바리새인들과는 달랐습니다. 그는 예수님을 공개적으로 높일 정도로 담대하지는 않았지만 밤에 조용히 사적으로 찾아와서 예수님을 높였습니다.

그러나 예수님은 그의 말에 아무런 대꾸도 하지 않으셨습니다. 다만, 그를 향하여 사람이 거듭나지 아니하면 하나님의 나라를 볼 수 없다고 말씀하셨습니다. 예수님은 그에게 이렇게 말씀하신 것입니다.

> 너는 나에 대하여 좋은 생각을 하고 있지만 더 중요한 것은 너 자신이 거듭나야만 소망이 있고 또한 그럴 때 비로소 천국에 들어갈 수 있다는 사실이다(참고, 요 3:3).

그런 말을 들었을 때 니고데모는 심히 놀라서 어떻게 그런 일이 가능한지를 물었습니다. 그는 이렇게 물었습니다.

> 사람이 늙으면 어떻게 날 수 있사옵나이까 두 번째 모태에 들어갔다가 날 수 있사옵나이까(요 3:4).

또한, 놀람으로 다시 질문하였습니다.

> 어찌 그러한 일이 있을 수 있나이까(요 3:9).

니고데모는 성경에 나오는 중생의 교리에 대해 알지 못하였습니다. 그래서 주님은 니고데모를 향하여 이렇게 말씀하셨던 것입니다.

> 너는 이스라엘의 선생으로서 이러한 것들을 알지 못하느냐(요 3:10).

거듭남의 교리는 이미 구약성경에 있습니다. 모세는 신명기에서 이렇게 말했습니다.

> 너희는 마음에 할례를 행하고 다시는 목을 곧게 하지 말라(신 10:16).

이것은 마음의 변화, 즉 거듭남을 의미합니다. 또 이렇게 기록되었습니다.

> 네 하나님 여호와께서 네 마음과 네 자손의 마음에 할례를 베푸사 너로 마음을 다하며 뜻을 다하여 네 하나님 여호와를 사랑하게 하사 너로 생명을 얻게 하실 것이며(신 30:6).

여기서 마음에 할례를 받는다는 것은 곧, 중생을 뜻합니다. 에스겔 선지자는 거듭남에 대하여 이렇게 말하였습니다.

> 맑은 물을 너희에게 뿌려서 너희로 정결하게 하되 곧 너희 모든 더러운 것에서와 모든 우상숭배에서 너희를 정결하게 할 것이며 또 새 영을 너희 속에 두고 새 마음을 너희에게 주되 너희 육신에서 굳은 마음을 제거하고 부드러운 마음을 줄 것이며 또 내 영을 너희 속에 두어 너희로 내 율례를 행하게 하리니 너희가 내 규례를 지켜 행할지라(겔 36:25-27).

여기서 굳은 마음을 제하고 부드러운 마음을 주신다는 것은 거듭남을 뜻합니다. 이처럼 구약성경에는 거듭남을 말하는 구절들이 많이 있습니다.

그러나 구약성경에 이처럼 중생에 관한 진리가 많이 있는데도 니고데모는 그것을 알지 못하였습니다. 바리새인으로 산헤드린 공의회 회원이며 구약성경에 능통한 유대 사회의 랍비였던 그가 거듭남의 진리에 대하여 전혀 모르고 있었던 것입니다.

오늘날 이 시대에도 니고데모와 같은 사람들이 있습니다. 그런 사람들은 성경에 관한 지식을 가지고 있습니다. 그들은 또한 하나님의 나라를 위하여 수고합니다.

그러나 거듭나야 한다는 진리에 대해서는 무지합니다. 그들은 교회를 다니면서 여러 가지 종교적인 의무들을 이행하는 것으로 만족하고 자신들의 영혼이 완전히 새롭게 변화되어야 한다는 사실에 관해서는 관심을 가지지 않습니다. 그런 사람들은 아직 거듭나지 않은 것입니다.

5. 거듭남은 신앙생활의 첫 출발이다

거듭남은 신앙생활에 있어서 첫 출발입니다. 그것은 새로운 시작입니다. 거듭나지 않은 사람은 아무리 교회를 오래 다녔어도 아직 시작도 못한 것입니다. 달리기 경주에 비유하자면 거듭나지 않은 사람은 아직 출발선에 서지도 않은 상태입니다.

교회를 아무리 오래 다녔어도 거듭나지 않았으면 그는 아직 그리스도인의 삶을 시작도 못한 것입니다. 물론 그가 교회를 오래 다녔기에 신앙생활이 무엇인지에 관한 많은 이론적인 지식은 있을 것입니다. 그는 오랜 세월 동안 교회에 다녔기 때문에 니고데모와 같이 교회의 지도자 위치에 올라 있을 수도 있습니다.

그러나 영적으로 그는 아직 진정한 그리스도인이 아닙니다. 그에게 시급히 필요한 것은 영적으로 새롭게 출생하는 것입니다. 사람이 거듭나야 그때부터 그리스도인이 되는 것이고 그것이 신앙생활의 첫 시작입니다.

그러므로 교회에 처음 나온 사람에게 다음과 같이 말해주어야 합니다.

> 당신은 거듭나서 새로운 사람이 되어야 한다. 당신은 하나님의 말씀을 듣고 새롭게 변화되어야 한다. 당신이 거듭나지 않으면 구원을 얻을 수도 없고 또한 천국에 갈 수 없다. 그러므로 지금 당신에게 가장 시급하게 필요한 것은 거듭나는 것이다.

교회에 처음 나온 사람들에게 이처럼 중생의 진리를 잘 가르쳐 주어야 합니다. 그들에게 신앙생활의 첫 출발은 거듭나는 일이라는 사실을 말해주어야 합니다.

그러나 오늘날 교회의 현실을 보면 이런 진리를 충실

히 가르쳐 주는 것 같지는 않습니다. 그 결과로 나타나는 현상은 교회를 오래 다녔음에도 불구하고 여전히 거듭나지 않은 사람들이 많이 있다는 사실입니다.

여러분이 알아야 할 것은 끝내 거듭나지 않으면 형식적인 신자로 생을 마감하게 된다는 사실입니다.

이보다 더 불행한 일이 또 어디에 있습니까?

예수님은 서기관들과 바리새인들의 외식적인 신앙을 책망하셨습니다.

> 화 있을진저 외식하는 서기관들과 바리새인들이여 잔과 대접의 겉은 깨끗이 하되 그 안에는 탐욕과 방탕으로 가득하게 하는도다 눈먼 바리새인이여 너는 먼저 안을 깨끗이 하라 그리하면 겉도 깨끗하리라 화 있을진저 외식하는 서기관들과 바리새인들이여 회칠한 무덤 같으니 겉으로는 아름답게 보이나 그 안에는 죽은 사람의 뼈와 모든 더러운 것이 가득하도다 이와 같이 너희도 겉으로는 사람에게 옳게 보이되 안으로는 외식과 불법이 가득하도다(마 23:25-28).

여기서 예수님은 서기관과 바리새인의 마음에는 탐욕

과 방탕이 가득하다고 말씀하셨는데, 이것을 보면 그들이 영적으로 변화되지 못한 것이 분명합니다. 그들의 마음은 새롭게 변화된 것이 아닙니다.

그들은 오랜 세월 동안 하나님을 섬기고 있었지만, 거듭나지 않은 것입니다.

그런 상태로 계속 신앙생활을 하면 어떻게 됩니까?

그런 상태로는 모든 것을 외식으로 하게 됩니다. 거듭나지 못하면 외식적인 신자가 되고 맙니다. 모든 사람에게 가장 시급한 것은 거듭나는 일입니다. 거듭남이 바로 신앙생활의 첫 출발입니다.

거듭남이 없이 신앙생활을 하는 것은 기초 없이 건물을 짓는 것과 똑같습니다. 그런 건물은 곧 무너지게 되어 있습니다. 기초가 없이 지은 건물은 비가 내리고 바람이 불면 붕괴됩니다.

거듭남의 기초가 없는 신앙생활은 결국 무너집니다.

여러분의 상태는 어떻습니까?

여러분은 진정 거듭난 그리스도인입니까?

여러분은 신앙생활의 첫 출발을 잘 하신 겁니까?

아니면 아직도 여전히 거듭나지 못한 상태로 남아 있습니까?

거듭남이 신앙생활의 첫 출발인 것을 잊지 마시기 바랍니다. 사람들은 자기 자신들에게 다음과 같은 질문을 던져보아야 합니다.

나는 과연 진정으로 거듭난 그리스도인인가?

나는 그리스도 안에서 완전히 새로운 피조물이 되었는가?

나는 새사람이 되었는가?

나의 영혼은 완전히 새롭게 변화되었는가?

나는 새로운 시작을 했는가?

이런 질문들을 여러분 스스로 던져보아야 합니다. 그리고 여러분 모두 거듭난 그리스도인이 되어야겠습니다.

제2장

왜 거듭나야 하는가?

1. 인간의 본성은 천국에 이질적이다

왜 사람이 반드시 거듭나야만 합니까?

거듭나지 않으면 안 되는 이유가 무엇입니까?

그것은 인간의 본성이 천국에 잘 맞지 않기 때문입니다. 다른 말로 하면 인간의 본성이 천국과 이질적인 것입니다. 인간의 마음은 부패한 데 반하여 천국은 너무도 거룩한 곳입니다. 그래서 서로 잘 맞지 않습니다. 예수님은 말씀하셨습니다.

> 육으로 난 것은 육이요 영으로 난 것은 영이니(요 3:6).

여기서 육신으로 난 출생과 성령으로 난 출생이 서로 대조됩니다. "육으로 난 것은 육"이라는 말씀은 부모와 똑같은 부패한 본성을 가지고 사람들이 태어난다는 의미입니다. 존 라일은 말했습니다.

> 인간의 본성은 극도로 타락하고 부패한 것이며 육적이다. 그런 본성을 가진 부모에게서는 그런 본성을 가진 자녀, 즉 타락하고 부패한 육적인 자손 외에는 아무것도 나올 수 없다.

인간은 태어날 때 부패한 본성을 가지고 나옵니다. 그런데 이런 마음을 가지고서는 도무지 천국에 들어갈 수 없습니다.

왜냐하면, 부패한 본성은 거룩한 천국과 도무지 어울리지 않기 때문입니다. 빛과 어둠이 어울리지 않는 것처럼 부패한 본성은 천국에 이질적입니다.

"영으로 난 것은 영"이라는 말씀은 성령으로 출생하게 되면 새로운 본성을 가지게 된다는 뜻입니다. 새로운 본성을 가지면 천국에 들어갈 수 있습니다.

왜냐하면, 그것은 거룩한 천국에 잘 어울리기 때문입

니다. 예수님이 니고데모에게 말씀하신 바는 타락한 본성을 가지고서는 천국에 들어갈 수 없고 반드시 성령으로 다시 출생하여 새로운 본성을 가져야 한다는 것이었습니다.

인간의 타고난 본성은 하나님을 싫어합니다.

그런 마음을 가지고 어떻게 천국에 들어갈 수 있겠습니까?

아더 핑크는 이렇게 말했습니다.

> 지금 우리가 싫어하는 것을 훗날에는 사랑하게 될 것으로 생각하는 것은 어리석음의 극치다.

지금 하나님을 싫어하는 사람이 어떻게 훗날 하나님을 사랑할 수 있게 될 것으로 막연하게 기대할 수 있겠습니까?

거듭나지 않는다면 사람의 마음은 지금이나 먼 훗날이나 같습니다.

불의한 죄악을 즐기는 사람이 어떻게 거룩한 천국에 들어갈 수 있겠습니까?

세상을 사랑하는 사람이 어떻게 그리스도께서 계신 천

국에 들어갈 수 있겠습니까?

그런 잘못된 본성으로는 거룩한 천국에 들어갈 수가 없습니다. 그래서 반드시 성령으로 거듭나야 합니다.

거듭나는 것은 인간의 타고난 본성이 완전히 새롭게 바뀌는 것을 의미합니다. 예수님은 말씀하셨습니다.

> 그들의 열매로 그들을 알지니 가시나무에서 포도를, 또는 엉겅퀴에서 무화과를 따겠느냐 이와 같이 좋은 나무마다 아름다운 열매를 맺고 못된 나무가 나쁜 열매를 맺나니 좋은 나무가 나쁜 열매를 맺을 수 없고 못된 나무가 아름다운 열매를 맺을 수 없느니라(마 7:16-18).

여기서 이 말씀은, 열매는 뿌리의 본성과 일치한다는 의미입니다. 뿌리의 본성이 나쁘면 그 열매도 나쁩니다. 뿌리의 본성이 나쁠 때 거름을 많이 준다고 좋은 열매를 맺을 수 있는 것이 아닙니다. 뿌리의 본성이 좋지 않은 가시나무에서는 천 년을 기다려도 사과나 배와 같은 아름다운 열매를 맺을 수 없습니다.

아름다운 열매를 맺으려면 반드시 가시나무의 본성이 바뀌어야 합니다. 거듭나는 것이 바로 그와 같습니다. 거듭나는 것은 인간의 타고난 본성이 새롭게 바뀌는 것을 의미합니다.

2. 도덕으로는 새롭게 되지 않는다

사람의 본성은 도덕적 가르침을 통해서는 새롭게 되지 않습니다. 또 교육을 통해서도 새롭게 바뀌지 않습니다. 물론 도덕과 교육을 통하여 다소 외적인 개선은 가능할 수 있습니다.

그러나 그것은 겉으로 보이는 일시적인 개선이지, 본질적인 새로운 변화는 아닙니다. 사람이 성령으로 거듭나야지 비로소 타고난 본성이 새롭게 변화됩니다.

1977년 7월 13일 저녁, 미국 뉴욕시가 정전이 되었습니다. 뉴욕에 전기를 공급하는 발전소가 벼락을 맞은 것입니다. 그래서 낙뢰로 인하여 발전소의 전력망이 마비되어 뉴욕시에 전기를 보내지 못하게 되었습니다. 그래서 그 캄캄한 밤에 뉴욕시 전체가 정전된 것입니다. 도시를 환하게 밝혀주던 가로등이 모두 꺼져버렸습니다.

그때 뉴욕시에서 무슨 일이 일어난 줄 아십니까?

그 순간 뉴욕시는 온통 살인, 강간, 약탈, 방화, 아비규환의 난장판이 되어 버렸습니다. 교육을 잘 받은 미국 사람들이었는데, 정전이 나서 캄캄해지자 그들은 전혀 다른 모습을 보여주었습니다.

이것은 도덕적인 가르침이나 교육을 통해서는 사람이 새롭게 변화되지 못한다는 것을 보여주는 한 실례입니다. 야수 같은 본성이 드러날 수 있는 환경이 조성되면, 인간은 그 순간 가장 악한 범죄자가 될 수 있습니다.

성경에 보면 인간의 전 존재는 타락했다고 말합니다. 인간의 이성도 부패하였고 감정도 뒤틀렸으며 의지도 구부러졌습니다. 본래 인간은 하나님이 처음으로 지으셨을 때 의로운 자였습니다.

그러나 아담과 하와가 선악과를 따먹은 후에 인간은 타락하여 머리부터 발끝까지 부패한 자가 된 것입니다. 이사야 선지자는 말했습니다.

> 발바닥에서 머리까지 성한 곳이 없이 상한 것과 터진 것과 새로 맞은 흔적뿐이거늘 … (사 1:6).

이 말씀은 인간이 전적으로 타락한 존재인 것을 잘 보여줍니다. 인간이 처음에 가졌던 의로움은 다 사라져 버렸고, 그 대신에 부패한 원리가 인간의 내면에 들어왔습니다. 예레미야 선지자는 다음과 같이 말했습니다.

> 만물보다 거짓되고 심히 부패한 것은 마음이라(렘 17:9).

> 구스인이 그의 피부를, 표범이 그의 반점을 변하게 할 수 있느냐 할 수 있을진대 악에 익숙한 너희도 선을 행할 수 있으리라(렘 13:23).

이런 말씀들은 인간이 전적으로 타락한 존재인 것을 보여줍니다. 예레미야는 본성적으로 악에 익숙한 인간이 선을 행하는 것은 불가능하다는 것을 말한 것입니다. 그 정도로 인간의 본성은 심히 부패하였습니다.

그러므로 사람이 천국에 들어가려면 이런 본성이 완전히 바뀌어야 합니다. 하나님을 싫어하고 불의한 것을 좋아하며 세상을 사랑하는 나쁜 본성이 새롭게 변화되어야 합니다. 도덕이나 교육을 통하여 인간의 마음이 조금 개선된다고 천국에 들어갈 수 있는 게 아닙니다.

육으로 난 것은, 아무리 그것을 개선해도 여전히 육적인 상태입니다.

그렇다면 어떻게 해야지 타고난 본성이 새롭게 바뀔 수 있습니까?

그것은 바로 거듭나는 것입니다. 거듭나면 새로운 본성을 가지게 됩니다.

예수님이 니고데모에게 하신 말씀의 요지는 사람이 부패한 본성을 가진 채로 천국에 들어갈 수 없고, 천국에 들어가려면 반드시 성령으로 거듭나서 새로운 본성을 가져야 한다는 것이었습니다.

3. 인간은 하나님을 아주 싫어한다

인간은 하나님을 아주 싫어하기에 반드시 거듭나야 합니다. 인간은 태어날 때부터 하나님을 미워하는 마음을 가지고 있습니다. 바울은 그런 마음에 대하여 이렇게 말하였습니다.

> 그들이 마음에 하나님 두기를 싫어하매(롬 1:28).

인간은 하나님을 싫어하며 또한 하나님의 존재 자체를 부정합니다. 시편에 보면 이렇게 말하고 있습니다.

> 어리석은 자는 그의 마음에 이르기를 하나님이 없다 하는도다(시 14:1).

인간이 하나님을 미워하기 때문에 이렇게 하나님의 존재를 강하게 부정하는 것입니다. 『기독교 강요』에서 칼빈은 하나님의 존재를 부정하는 자에 대하여 이렇게 말합니다.

> 다윗의 이 말은 다른 곳에서도 곧 찾아볼 수 있겠지만 먼저 자연의 빛을 끄며 고의로 자신을 무감각하게 하는 자들을 가리키는 말이다. 따라서 우리는 하나님에 대한 기억이 타고난 감각으로 아낌없이 내적으로 이미 제시되었으나 오만하고 상습적인 죄로 말미암아 그 마음이

> 완고해져서, 하나님에 대한 일체의 기억을 미친 듯이 쫓아버리는 사람들이 많다는 것을 알게 된다.

하나님을 너무도 싫어하는 인간은 하나님에 대한 일체의 기억을 자신의 내면에서 미친 듯이 쫓아버립니다. 사람들은 하나님을 쫓아내고, 그 대신 그들의 마음에 우상을 갖다 놓습니다. 바울은 이런 인간의 마음에 대하여 말했습니다.

> 하나님을 알되 하나님을 영화롭게도 아니하며 감사하지도 아니하고 오히려 그 생각이 허망하여지며 미련한 마음이 어두워졌나니 스스로 지혜 있다 하나 어리석게 되어 썩어지지 아니하는 하나님의 영광을 썩어질 사람과 새와 짐승과 기어 다니는 동물 모양의 우상으로 바꾸었느니라(롬 1:21-23).

이 얼마나 어리석은 인간의 모습입니까?

천지를 지으신 창조주 하나님을 배척하고 그 자리에 우상을 갖다 놓습니다. 사람들은 이제 하나님을 믿지 않고 대신에 썩어질 사람과 새와 짐승과 기어다니는 동물

모양의 우상을 섬깁니다. 그 정도로 인간은 하나님을 싫어합니다.

그뿐만 아니라, 사람들은 자신들이 하나님에게서 창조된 존재가 아니라 원숭이에게서 진화되어 나왔다고 주장합니다. 이보다 더 해괴한 주장은 있을 수가 없습니다.

인간이 어떻게 원숭이에게서 진화되어 나올 수 있습니까?

원숭이는 원숭이일 뿐입니다. 사람은 그런 동물과는 전혀 차원이 다른 존재입니다. 왜냐하면, 사람은 하나님의 형상을 따라 지음을 받은 존재이기 때문입니다.

그런데도 사람들은 자신들의 존재 근원에 대해서만은 이상하게도 자신들을 한없이 낮춥니다. 항상 높아지려는 교만한 마음을 가진 인간들이 유독 자신들의 존재에 대해서만은 원숭이 수준으로 낮아지려고 합니다.

그러니 그 얼마나 괴이한 일입니까?

그들이 그렇게 하는 것은 하나님을 너무도 싫어하기 때문입니다. 심지어 니체와 같은 철학자는 신이 죽었다고까지 말하기도 하였습니다. 그 정도로 인간은 하나님을 매우 싫어합니다.

사람이 왜 거듭나야만 합니까?

그것은 하나님을 미워하는 본성을 가지고서는 천국에 들어갈 수 없기 때문입니다. 본성이 거듭나지 않은 채 천국에 가 있는 한 사람을 상상해 보시기 바랍니다.

그 사람이 어떻게 되겠습니까?

그 사람은 이 땅에 살 때 하나님을 너무도 미워하였습니다. 그런데 죽어서 천국에 갔는데, 가서 보니 그곳에 하나님이 계신 것입니다.

그러면 어떻게 되겠습니까?

그 사람에게 천국은 너무도 불편한 장소가 되는 것입니다. 육신의 마음을 가지고 천국에 가면 천국은 이제 그 사람에게 천국이 아닙니다.

하나님을 미워하는 사람이 천국에 결코 갈 수 없지만 만약 간다고 가정해 보면, 그 사람이 천국에 가서 하나님을 보았을 때 그는 즉시 그곳에서 도망쳐 나오고 싶어 할 것입니다. 왜냐하면, 하나님께서 계시는 한 그에게 천국은 더는 천국이 아니기 때문입니다.

그래서 하나님을 싫어하는 마음을 가진 자들은 절대로 천국에 들어갈 수 없는 것입니다.

타락한 마음을 가진 사람이 어떻게 천국에서 하나님을 영원히 예배할 수 있겠습니까?

그것은 불가능합니다. 그는 그것을 견디어 낼 수 없습니다. 그러니 그런 사람은 결코 천국에 들어갈 수 없는 것입니다.

천국에 들어가려면 하나님을 미워하는 마음이 완전히 사라져야 합니다. 천국에 들어가려면 거듭나서 하나님을 사랑하는 새로운 마음을 가져야 합니다. 그래서 다음과 같이 고백할 수 있는 사람이 되어야 합니다.

> 하늘에서는 주 외에 누가 내게 있으리요 땅에서는 주 밖에 내가 사모할 이 없나이다(시 73:25).

바로 이런 마음을 가진 사람이 천국에 갈 수 있습니다.

4. 빛보다 어둠을 더 사랑한다

인간은 또한 빛보다 어둠을 더 사랑하기에 반드시 거듭나야 합니다. 사도 요한은 말하였습니다.

> 사람들이 자기 행위가 악하므로 빛보다 어둠을 더 사랑한 것이니라(요 3:19).

이것이 사람의 타고난 본성입니다. 사람들은 거룩한 것보다 죄악된 것을 좋아합니다. 인간의 부패한 본성은 불의한 것들을 즐거워합니다. 사람들은 죄를 범하면서 쾌락을 즐깁니다. 바울은 사람들이 짓는 죄악들을 다음과 같이 열거하였습니다.

> 그들이 마음에 하나님 두기를 싫어하매 하나님께서 그들을 그 상실한 마음대로 내버려 두사 합당하지 못한 일을 하게 하셨으니 곧 모든 불의, 추악, 탐욕, 악의가 가득한 자요, 시기, 살인, 분쟁, 사기, 악독이 가득한 자요, 수군수군하는 자요, 비방하는 자요, 하나님께서 미워하시는 자요 능욕하는 자요 교만한 자요 자랑하는 자요 악을 도모하는 자요 부모를 거역하는 자요 우매한 자요 배약하는 자요 무정한 자요 무자비한 자라(롬 1:28-31).

오늘날 이 땅에서 벌어지고 있는 일들을 보시기 바랍니다. 매일 신문의 사회면에 나오는 죄악들을 보십시오.

사람들은 영원한 도덕법인 십계명을 매일 깨뜨리면서 살아갑니다. 사람들은 우상을 섬깁니다. 사람들은 하나님의 이름을 망령되이 일컫습니다. 그리고 주일에 하나님을 예배하지 않고 부모를 공경하지 않으며 살인하고 간음하고 도적질하고 거짓증거하고 또한 금지한 것들을 탐냅니다.

사람들은 빛보다 어둠을 더 사랑합니다. 이것이 바로 인간의 타고난 본성입니다.

그런데 천국은 어떠한 곳입니까?

천국은 "의가 있는 곳인 새 하늘과 새 땅"(벧후 3:13)입니다. 천국은 거룩하고 의로운 곳입니다. 거기에는 불의가 없습니다. 천국은 "먹는 것과 마시는 것이 아니요 오직 성령 안에 있는 의와 평강과 희락"(롬 14:17)입니다. 그러므로 타락한 본성을 가진 사람들은 이처럼 의로운 천국에 들어가지 못합니다.

불의한 죄악을 사랑하는 마음은 거룩한 천국에 맞지 않습니다. 죄짓는 것에서 기쁨을 얻는 사람들에게 거룩한 천국은 참으로 따분한 곳이 될 것입니다. 거룩을 싫어하는 사람이 만약 천국에 가게 된다면 그곳은 그에게 천국이 아니라 고통의 장소가 될 것입니다.

어떤 병에 걸리면 빛을 아주 싫어합니다. 그런 사람에게는 대낮의 밝은 태양이 고통거리가 됩니다. 정상적인 사람들은 햇빛을 받으면 너무 좋아합니다.

그러나 빛을 싫어하는 사람들은 어두운 골방에서 숨어 지내는 것을 좋아합니다. 마찬가지로 죄악된 어둠을 좋아하는 사람들에게는, 천국의 찬란한 영광은 기쁨이 아니라 고통이 됩니다.

의를 사랑하고 거룩한 것을 사랑한 자들에게는 천국은 그야말로 무한한 기쁨과 희락의 낙원이지만, 죄짓는 것을 즐기는 자들에게는 천국은 더는 천국이 아닙니다. 천국에 들어가서 영원한 즐거움을 누리고자 한다면, 반드시 거듭나서 의와 거룩을 좋아하는 새로운 본성을 가져야 합니다.

5. 세상을 너무도 사랑한다

인간은 또한 세상을 너무도 사랑하기 때문에 반드시 거듭나야 합니다. 인간의 본성은 세상에 대하여 큰 매력을 느낍니다. 존 번연의 『천로역정』에 보면 '허영의 시장'(Vanity Fair)이라는 곳이 나옵니다. 그것은 일 년 내내 열리는 시장으로 온갖 종류의 허영을 사고파는 곳입니다. 그 시장에서 팔리는 물건들은 다음과 같습니다.

> 그리하여 이 시장에서는 이런 것들이 팔렸다. 집, 토지, 명당자리, 무역물자들, 직위, 명예, 승급, 귀족 칭호들, 국가들, 왕국, 욕정, 향락 등이 거래되고 또한 모든 종류의 쾌락을 위하여 매춘부들, 포주들, 아내, 남편, 아이들, 주인, 하인, 생명, 피, 육체, 영혼, 은, 금, 진주를 비롯한 각종 보석 등 온갖 것들이 다 있었다.
> 게다가 이 시장에는 언제나 요술사들, 사기꾼들, 도박꾼들, 바보들, 악한들, 장난꾼들 등 온갖 종류의 쾌락과 악에 젖은 사람들이 술렁거리고 있었다. 또한, 도둑질, 살인, 간통, 거짓 맹세, 피 묻은 것들 등 무시무시한 것들을 언제든지 무료로 구경할 수 있었다.

인간은 이와 같은 허영의 시장에서 거래되는 물건들을 너무도 사랑합니다. 그들은 이런 물품들에 대하여 항상 큰 매력을 느낍니다. 요한은 그와 같은 것들을 사랑하지 말라고 경고하였습니다.

> 이 세상이나 세상에 있는 것들을 사랑하지 말라 누구든지 세상을 사랑하면 아버지의 사랑이 그 안에 있지 아니하니 이는 세상에 있는 모든 것이 육신의 정욕과 안목의 정욕과 이생의 자랑이니 다 아버지께로부터 온 것이 아니요 세상으로부터 온 것이라(요일 2:15-16).

성경은 세상에 있는 모든 것이 다 육신의 정욕과 안목의 정욕과 이생의 자랑이라고 하였습니다. 인간의 본성은 바로 이와 같은 세상을 너무도 사랑합니다. 스테판 차녹은 이렇게 말하였습니다.

> 자연인은 세속적인 흥밋거리 외에는 관심을 갖지 않는다. 오직 자신에게 이익이 되는 것만을 사랑하며 참으로 영적인 가치를 지니고 있는 것은 열망하지 않는다.

여기 불신자는 세속적인 흥밋거리 외에는 관심을 가지지 않는다고 말합니다. 인간의 마음이 그 정도로 이 세상을 좋아합니다.

롯의 처는 소돔 성을 너무도 사랑하였습니다. 그래서 소돔 성을 피하여 달아나면서도 뒤를 돌아보지 않을 수가 없었습니다. 그 여인은 소돔 성에 있는 모든 것을 다 사랑하였습니다. 그곳에 있는 사람들, 집, 재물, 그리고 쾌락 등을 그 여인은 무척 사랑하였습니다.

그런데 세상을 사랑하는 그런 마음을 가지고서는 천국에 들어갈 수 없습니다. 사람이 천국에 들어가려면 반드시 세상을 사랑하는 마음이 사라져야 합니다.

어떻게 세상을 사랑하는 마음이 없어질 수 있습니까?

그것은 곧 거듭나는 것입니다. 거듭나면 이제 세상에 매력을 느끼지 않게 됩니다. 바울은 이렇게 말하였습니다.

> 그리스도로 말미암아 세상이 나를 대하여 십자가에 못 박히고 내가 또한 세상에 대하여 그러하니라(갈 6:14).

이것은 십자가를 믿어서 거듭나게 되면 이 세상과 결별하게 된다는 뜻입니다. 그렇게 되면 거듭난 사람은 세상에 대하여 더 매력을 느끼지 않게 됩니다. 그리고 이제는 새로운 마음을 가지고 하늘나라를 사모하게 되는 것입니다.

바울은 또 말했습니다.

> 그러므로 우리가 낙심하지 아니하노니 우리의 겉 사람은 낡아지나 우리의 속사람은 날로 새로워지도다 우리가 잠시 받는 환난의 경한 것이 지극히 크고 영원한 영광의 중한 것을 우리에게 이루게 함이니 우리가 주목하는 것은 보이는 것이 아니요 보이지 않는 것이니 보이는 것은 잠깐이요 보이지 않는 것은 영원함이라 (고후 4:16-18).

이것은 새롭게 변화된 마음은 하늘에 속한 것을 사랑한다는 말입니다. 이런 마음을 가질 때 천국에 갈 수 있습니다.

제3장

우리는 스스로 거듭날 수 없다

1. 사람의 의지와 무관하다

사람이 거듭나는 것은 자신의 의지나 노력과는 전혀 무관한 것입니다. 사람이 자신의 의지를 발휘하여 거듭날 수 있는 것이 아닙니다. 또한, 사람이 극한 노력이나 지혜나 힘으로도 스스로 거듭날 수 없습니다. 바울은 말하였습니다.

> 그런즉 원하는 자로 말미암음도 아니요 달음박질하는 자로 말미암음도 아니요 오직 긍휼히 여기시는 하나님으로 말미암음이니라(롬 9:16).

이 말씀은 선택에 관한 것인데 거듭남의 진리에도 그대로 적용됩니다.

사람이 원한다고 거듭날 수 있겠습니까?

사람이 강인한 의지력을 발휘하면 거듭날 수 있는 것입니까?

또 분투하고 노력하면 거듭날 수 있습니까?

그것은 불가능합니다. 거듭나는 것은 인간의 의지나 힘으로 되는 것이 아닙니다.

사도행전에 보면 성전 미문에 앉은 사람이 나옵니다. 그는 태어날 때부터 걷지 못하였습니다. 사람들이 매일 그를 메고 와서 성전 문 앞에 두었는데 그 이유는 구걸하도록 하기 위함이었습니다. 그 사람에 대하여 말하자면 그는 스스로 일어나서 걸을 수 없는 사람입니다. 그는 아무리 노력하고 의지를 발휘해도 스스로 걸을 수 없었습니다.

그런데 제 구 시 기도 시각에 베드로와 요한이 성전에 올라가다가 그를 보았습니다. 베드로는 그에게 말하였습니다.

> 은과 금은 내게 없거니와 내게 있는 이것을 네게 주노니 나사렛 예수 그리스도의 이름으로 일어나 걸으라 (행 3:6).

그때 그 사람은 발과 발목에 힘이 생겨서 스스로 일어났습니다. 일어났을 뿐만 아니라 걷기도 하고 뛰기도 하였습니다.

그는 스스로 절대로 일어날 수 없는 사람이었습니다. 그러나 외부 힘의 도움으로 그는 일어서게 되었습니다. 거듭나는 것도 마찬가지입니다. 사람들은 아무리 노력하고 의지력을 발휘한다고 해도 스스로 거듭날 수 없습니다. 성전 미문에 앉은 그 사람이 스스로 일어날 수 없었던 것처럼, 사람들도 스스로 거듭날 수 없습니다.

유대인들은 인간의 혈통을 믿었습니다. 그들은 좋은 혈통이 구원을 보장해 준다고 생각하였습니다. 그들은 자신들이 아브라함의 혈통을 받아서 태어났으므로 모두 구원받은 하나님의 백성이라고 확신하였습니다.

그러나 그것은 매우 잘못된 생각입니다. 아브라함의 후손으로 태어났다고 자동으로 구원을 얻는 것이 결코 아닙니다.

아브라함의 후손으로 태어나면 그것은 매우 큰 특권인 것은 분명합니다. 이방인들은 하나님의 말씀인 율법이 없었지만, 아브라함의 후손인 이스라엘 백성들은 하나님의 말씀을 가지고 있었습니다. 그것은 매우 큰 특권이었습니다. 바울은 이런 특권에 대하여 이렇게 말하였습니다.

> 그런즉 유대인의 나음이 무엇이며 할례의 유익이 무엇이냐 범사에 많으니 우선은 그들이 하나님의 말씀을 맡았음이니라(롬 3:1-2).

유대인들은 하나님의 말씀을 소유하는 큰 특권을 가지고 있었습니다. 이것 외에도 그들은 하나님을 예배하고 또 하나님을 섬기는 특권도 가지고 있었습니다. 아브라함의 혈통을 따라서 출생하면 바로 이런 특권들을 누립니다.

그러나 이런 특권을 가진다는 것이 곧 자동으로 구원을 얻는다는 의미는 아닙니다. 경건한 부모 밑에서 출생한 자녀가 불신자 부모에게서 출생한 자녀보다 더 큰 특권을 누리는 것은 사실이지만 그것이 곧 구원을 받았다는 뜻은 아닙니다.

경건한 부모 밑에서 태어나면 그 자녀들은 많은 특권을 누립니다. 그들은 부모로부터 성경을 배웁니다. 그들은 하나님이 누구신지, 교회가 무엇인지 하는 것 등을 배우면서 자라납니다. 이것은 큰 특권입니다.

그러나 이런 특권을 가졌다고 구원을 얻는 것은 아닙니다. 구원을 얻으려면 거듭나야 합니다. 유대인들도 마찬가지입니다. 그들을 이방인과 비교하면 말할 수 없는 좋은 특권을 소유하였지만 그것이 곧 구원을 얻은 것은 아닙니다. 그들이 구원을 얻으려면 거듭나야 합니다.

안타깝게도 유대인들은 이 중대한 진리를 알지 못하였습니다. 그들은 아브라함의 혈통으로 출생하면 그것이 곧 구원을 얻은 것으로 생각하였습니다. 그들은 좋은 혈통이 구원을 보장하여 준다고 믿었습니다.

유대인들은 자신들을 아브라함의 자손이라고 말하였고 또한 자신들의 아버지는 아브라함이라고 말하였습니다. 그들은 혈통적으로 아브라함의 자손인 것을 매우 자랑스럽게 말했고 또한 그렇게 좋은 혈통으로 출생한 것이 곧 구원을 보장해 주는 것으로 굳게 믿었습니다.

그런데 충격적인 사실은 예수님은 그들을 향하여 마귀

의 자녀라고 말씀하신 것입니다.

> 너희는 너희 아비 마귀에게서 났으니 너희 아비의 욕심대로 너희도 행하고자 하느니라(요 8:44).

유대인들의 귀에 이보다 더 충격적인 말은 없을 것입니다. 그들은 아브라함의 자손인 것을 자랑하였는데 예수님은 그들이 마귀의 자녀라고 말씀하신 것입니다. 이 말씀을 보면, 그들이 아브라함의 좋은 혈통에서 출생하기는 하였지만, 거듭나지 않았음을 알 수 있습니다.

거듭나는 것은 인간의 혈통과 전혀 무관합니다. 인간은 아무리 노력해도 스스로 거듭날 수 없습니다. 요한은 말하였습니다.

> 이는 혈통으로나 육정으로나 사람의 뜻으로 나지 아니하고(요 1:13).

믿는 부모에게서 출생했다고 해서 구원의 은혜가 자동으로 그 자녀들에게 전수되는 것은 결코 아닙니다. 믿는 부모에게서 태어나는 것은 그렇지 못한 경우에 비하여

64 거듭남, 새로운 시작

매우 큰 특권인 것은 분명합니다.

그러나 그런 특권을 얻은 것 자체가 곧 구원받았음을 의미하지는 않습니다. 구원을 얻으려면 거듭나야 합니다.

2. 성령의 주권적인 역사로 거듭난다

그렇다면 우리는 어떻게 거듭날 수 있습니까?

우리 스스로 도무지 거듭날 수가 없다고 하였는데, 그렇다면 어떤 요인으로 우리는 거듭나게 됩니까?

그것은 바로 성령의 놀라운 역사입니다. 예수님은 말씀하셨습니다.

> 사람이 물과 성령으로 나지 아니하면 하나님의 나라에 들어갈 수 없느니라(요 3:5).

여기에서 보면 성령으로 태어난다고 하였습니다. 이것은 성령이 거듭남의 주체이고, 또한 행위자임을 보여주는 것입니다. "성령으로 난 사람"(요 3:8)이라는 말씀도 우리를 거듭나게 하시는 분이 성령이심을 말씀합니다. 또 디도서에서도 이렇게 말씀하고 있습니다.

> 우리를 구원하시되 우리가 행한 바 의로운 행위로 말미암지 아니하고 오직 그의 긍휼하심을 따라 중생의 씻음과 성령의 새롭게 하심으로 하셨나니 우리 구주 예수 그리스도로 말미암아 우리에게 그 성령을 풍성히 부어 주사(딛 3:5-6).

여기서도 성령께서 새롭게 하신다고 말씀합니다. 우리 스스로 우리의 의지와 뜻으로 거듭날 수 없습니다. 우리의 노력으로도 거듭나지 못합니다. 우리를 거듭나게 하는 요인은 오직 성령 하나님이십니다. 성령의 주권적인 역사로 사람이 거듭나게 됩니다.

어떤 이들은 거듭나는 것이 하나님과 인간의 협력으로 이루어진다고 주장합니다. 이런 주장을 '시너지즘'(synergism, '신인협력설')이라고 말합니다. 이것은 하나님께서 인간을 구원하시는 데 있어 인간의 협력이 필요하다는 뜻입니다.

그러나 그것은 잘못된 주장입니다. 하나님은 인간을

구원하시는 데 있어 인간의 도움을 전혀 필요로 하지 않으십니다. 구원은 '모너지즘'(monergism), 즉 하나님의 단독적인 사역입니다. 거듭남은 성령의 주권적이면서도 단독적인 사역입니다.

스가랴 선지자는 말하였습니다.

> 만군의 여호와께서 말씀하시되 이는 힘으로 되지 아니하며 능으로 되지 아니하고 오직 나의 영으로 되느니라 (슥 4:6).

여기서 인간의 힘으로는 되지 않고 오직 성령의 역사로 가능하다고 말씀합니다. 거듭나게 하는 것은 성령의 단독적인 사역입니다. 성령께서 허물과 죄로 죽어있는 사람들을 살려내시는 것입니다. 죽은 자는 스스로 살아날 수 없습니다.

죽어있는 자가 어떻게 스스로 살아날 수 있겠습니까?

그것은 불가능합니다. 죽어있는 자는 자신이 살아나는 일에 있어 협력자가 될 수 없습니다. 죽어있으면 아무 일도 할 수 없습니다. 거듭나게 하시는 일은 오직 성령의 단독사역입니다.

거듭남이 이처럼 성령의 단독사역이므로 인간의 의지나 노력이나 혈통과는 전혀 무관합니다. 거듭남에 있어서 인간은 철저하게 수동적입니다. 존 머리는 이렇게 말하였습니다.

> 자연적인 출생은 우리의 의지 작용이나 결단으로 되는 것이 아니다. 우리가 태어나기로 하였기 때문에 태어난 것이 아니다. 우리는 단지 출생하였을 뿐이다. 따라서 새로운 출생은 사람이 행위자가 아니라 철저하게 대상자가 되는 사건이다.

사람은 그저 태어날 뿐입니다. 이 땅에 출생하는 아기들을 보시기 바랍니다. 그들은 자신들의 의지나 뜻과 전혀 무관하게 그저 태어난 자들입니다.

아기들이 이 세상에 한 번 태어나서 잘살아 보겠다고 결심을 한 결과 출생한 것입니까?

아닙니다.

아기들이 이 세상이 어떠한지를 경험해 보고 싶어서 그 소원에 따라서 출생한 것입니까?

그것도 역시 아닙니다.

그들이 이 세상에 태어난 것은 그들의 의지와 전혀 무관합니다.

거듭나는 것도 마찬가지입니다. 거듭난 사람은 자신의 의지와 전혀 상관없이 그저 영적으로 태어난 것입니다. 그 사람이 원하였기 때문에 거듭난 것이 아닙니다. 거듭나는 것은 사람의 의지나 노력과 전혀 무관합니다.

사람들이 원한다고 거듭날 수 있는 게 아닙니다. 사람들이 노력한다고 거듭날 수 있는 것도 아닙니다. 거듭나는 것은 전적으로 성령의 주권적인 뜻에 달려있습니다. 성령께서 주권적으로 사람들을 거듭나게 하시는 것입니다.

3. 바람이 임의로 불매

성령의 역사는 대단히 신비스럽습니다. 예수님은 말씀하셨습니다.

> 바람이 임의로 불매 네가 그 소리는 들어도 어디서 와서 어디로 가는지 알지 못하나니 성령으로 난 사람도

다 그러하니라(요 3:8).

주님은 성령의 역사를 바람에 비유하셨습니다. 바람은 보이지 않습니다. 또한, 우리는 바람은 어디서 오며 어디로 가는지 알지 못합니다. 그리고 바람은 거스를 수 없고 그 진로를 바꿀 수도 없습니다. 이처럼 바람의 존재와 그 작용은 매우 신비롭습니다. 우리는 그저 바람의 소리를 듣고 그것의 존재를 압니다.

거듭나게 하시는 성령의 역사가 꼭 이와 같습니다. 성령은 보이지 않습니다. 우리는 성령이 어디에서 오셔서 어디로 가시는지 알지 못합니다. 그처럼 성령의 역사는 매우 신비롭습니다. 스펄전은 신비스러운 성령의 역사를 이렇게 말하였습니다.

> 바람이 실재한다는 것은 확실한 사실입니다. 왜냐하면, 우리는 바람이 내는 소리를 들으며, 바람으로 인한 여러 가지 결과를 관찰할 수 있기 때문입니다.
> 그러나 그것은 만질 수가 없으며 조종하거나 직접 바라볼 수 없습니다. 우리는 파도가 폭풍우 속에서 미친 듯이 날뛰는 것을 관찰할 수 있지만, 바다를 광란시키는

숨결은 볼 수 없습니다.

여기서 바람은 전능하신 능력의 성령을 아주 탁월하게 상징합니다. 성령의 영향력 아래 오는 자들은 결코 성령의 존재를 의심하지 않습니다. 그러나 성령의 운행은 사람이 추적할 수 없으며 사람이 성령의 거룩한 인격을 볼 수도 없습니다. 왜냐하면, 성령은 신비스러우시고 이해할 수 없으며 또한 거룩하시기 때문입니다.

바람으로 높은 파도가 일어날 때 우리는 바다를 흉흉하게 만드는 그 신비한 바람을 볼 수 없습니다. 바람이 어디서 불어와서 어디로 가는지 우리는 알 수 없습니다. 성령의 운행하심도 바람과 같이 매우 신비합니다.

성령은 신비롭게 역사하여 죽은 영혼을 살립니다. 바울은 말했습니다.

허물로 죽은 우리를 그리스도와 함께 살리셨고(엡 2:5).

이것은 거듭남을 말하는 것입니다. 거듭나는 것은 죽은 영혼이 살아나는 것입니다. 죽은 영혼을 살려내시는 성령의 역사는 참으로 신비스러운 것입니다. 그런 성령의 역사가 에스겔에 잘 나타나 있습니다. 거기에 보면 골짜기에 마른 뼈들이 가득합니다. 그런데 놀랍게도 그 마른 뼈들이 여호와의 말씀을 들을 때 살아납니다.

> 이에 내가 명령을 따라 대언하니 대언할 때에 소리가 나고 움직이며 이 뼈, 저 뼈가 들어맞아 뼈들이 서로 연결되더라 내가 또 보니 그 뼈에 힘줄이 생기고 살이 오르며 그 위에 가죽이 덮이나 그 속에 생기는 없더라 또 내게 이르시되 인자야 너는 생기를 향하여 대언하라 생기에게 대언하여 이르기를 주 여호와께서 이같이 말씀하시기를 생기야 사방에서부터 와서 이 죽음을 당한 자에게 불어서 살아나게 하라 하셨다 하라 이에 내가 그 명령대로 대언하였더니 생기가 그들에게 들어가매 그들이 곧 살아나서 일어나 서는데 극히 큰 군대더라(겔 37:7-10).

여기 마른 뼈들에 힘줄이 생기고 살이 오르고 또 그 위에 가죽이 덮입니다. 그리고 그곳에 생기가 들어가서 드디어 살아납니다. 이것은 죽어있는 영혼을 살려내는 성령의 신비스러운 역사를 의미합니다.

성령의 신비한 역사는 인간의 생각을 뛰어넘습니다.

교회를 지상에서 없애버리고자 했던 바리새인 사울이 거듭나서 사도 바울이 될 것이라고 누가 상상이나 했겠습니까?

그러나 그런 일이 일어났습니다. 바람이 임의로 부는 것처럼, 성령은 자기 뜻대로 역사하십니다. 바람이 어디서 오며 어디로 가는지 알지 못하는 것처럼 성령의 신비한 역사도 우리는 도무지 알 수가 없습니다.

유명한 찬송 시 "나 같은 죄인 살리신"의 작사자는 존 뉴턴입니다. 그는 젊었을 때 노예상인으로 일하였습니다. 그런데 1748년 5월 10일 노예무역을 끝내고 고향으로 돌아오는 길에 그가 탄 배가 큰 폭풍우를 만났습니다.

다급한 상황에서 그는 기도했습니다.

주여! 우리에게 자비를 베푸소서!

그래서 그는 폭풍우 속에서 살아났습니다. 그 일이 그가 거듭나는 계기가 되었습니다.

폭풍우가 휘몰아치는 바다 한가운데 있는 사람에게까지 성령은 그렇게 신비스럽게 역사하십니다. 거듭나게 하시는 성령의 역사는 대단히 신비스러운 것입니다.

4. 사람의 변화된 모습이 말하는 것

그렇다면 우리는 어떻게 성령이 역사하신 것을 알 수 있습니까?

성령이 바람같이 임하셔서 역사하시는 것을 우리는 어떻게 알 수 있습니까?

그것은 바로 사람의 변화된 모습을 통해서입니다. 예수님은 말씀하였습니다.

> 바람이 임의로 불매 네가 그 소리는 들어도 어디서 와서 어디로 가는지 알지 못하나니 성령으로 난 사람도 다 그러하니라(요 3:8).

여기서 "그 소리는 들어도"라고 하였습니다. 바람이 불 때 우리는 그것이 어디서 불어와서 어디로 가는지 알 수 없습니다. 왜냐하면, 바람은 보이지 않기 때문입니다.

그러나 우리는 바람의 소리는 들을 수 있습니다. 밖에서 윙하는 소리가 날 때 우리는 바람이 불고 있다는 것을 알 수 있습니다. 우리가 바람 자체는 볼 수 없지만 바람의 소리를 듣고서 그 존재는 알 수 있습니다. 바람에 흔들리는 나뭇잎은 우리에게 바람의 존재를 알려줍니다. 우리는 펄럭이는 깃발을 보고서 바람이 부는 것을 알 수 있습니다.

성령의 역사도 마찬가지입니다. 우리는 성령 하나님을 눈으로 볼 수 없습니다. 성령이 어디에서 오셔서 어디로 가시는지 우리는 알지 못합니다.

그러나 우리는 거듭나서 변화된 사람을 보고서 성령의 역사를 알게 됩니다. 성령이 역사하시면 사람이 변화됩니다. 존 라일은 이렇게 말하였습니다.

> 우리는 바람이 불어오는 방향과 그것이 어디에서 시작되어 어디까지 불어 가는지 설명할 수 없다.
> 그러나 우리는 바람 소리를 들으면 바람이 불고 있다는 사실에 조금도 의심을 하지 않는다. 우리 주님은 니고데모에게 성령의 활동도 그와 똑같다고 말씀하셨다. 거기에는 의심할 여지 없이 신비하고 이해할 수 없는 점이 많이 있다.
> 그러나 마음과 생활의 명백한 변화 가운데 맺힌 그 열매를 보면 우리는 성령의 역사가 실제로 일어난다는 사실을 절대 의심할 수 없을 것이다.

마틴 로이드 존스(D. Martyn Lloyd-Jones)는 1930년대에 웨일스 에버라본에서 목회를 하였습니다. 그때 그 마을에 윌리엄 토마스라는 사람이 있었는데, 그의 별명은 "스태포드셔 빌"(Staffordshire Bill, 당시 마을의 유명한 협잡꾼)이었습니다. 그 사람은 대단히 불행했고 절망적인 삶을 살아가고 있었습니다. 그는 항상 술에 취한 상태로 있었으며 그의 성격은 대단히 포악하였습니다. 그의 나이는 70세 정도 되었는데 그에게는 세 번째 아내가 있었습니다.

어느 날 술집에서 술을 마시고 있으면서 바로 옆 테이블에서 두 사람이 대화하는 것을 들었습니다. 그들은 그 마을의 설교자에 관하여 이야기를 하고 있었습니다. 그 설교자는 다름 아닌 로이드 존스입니다.

한 사람이 다른 사람에게 이렇게 말하였습니다.

> 그래, 나도 지난 주일 밤에 거기 있었어. 그 설교자는 어떤 사람도 소망이 없을 정도로 절망에 빠진 것은 아니라고 말하더군. 모든 사람에게 다 소망이 있다고 했어.

이 말을 들은 스태포드셔 빌은 스스로 말하였습니다.

모든 사람에게 소망이 있는 것이라면 나에게도 소망이 있다는 말이군!
나도 그 교회에 나가서 그 설교자가 하는 말을 들어 봐야지!

그리고 몇 주가 지나서 어느 주일 밤에 로이드 존스가 설교하는 그 교회에 가서 복음을 들었습니다.

그는 복음을 듣고 그날 밤에 완전히 새롭게 변화되었습니다. 얼굴에 나타난 변화, 말투의 변화, 성품의 변화가 얼마나 뚜렷하던지 주위 사람들이 그것을 다 알았다고 합니다. 그의 죽음의 순간이 어떠했는지 로이드 존스는 이렇게 말합니다.

그의 모든 죄악적이고 포악한 삶의 잔재들이 그 어린아이 같은 얼굴에서 다 지워져 있었다. 몇 분이 지나고, 시간이 더 지나 한 시간 이상이 되었다. 그런데 갑자기 그 고통스럽게 몰아쉬던 숨소리가 멈추는 것 같았다. 그 노인의 얼굴은 변모되었고 밝아지고 광채를 내었다.

이것이 로이드 존스가 목격한 그의 마지막 모습입니

다. 그는 주님이 계시는 하늘나라로 간 것입니다. 우리는 성령 하나님을 눈으로 볼 수 없습니다. 우리가 바람을 볼 수 없는 것처럼 성령 하나님도 볼 수 없습니다.

그러나 바람 소리를 듣고 바람의 존재를 아는 것처럼 사람들이 변화된 모습을 보고서 성령이 역사하신 것을 알 수 있습니다.

영국의 위대한 설교자 찰스 스펄전은 열다섯 살에 거듭났습니다. 그는 자신의 거듭남에 관하여 설교 도중에 이렇게 말하였습니다.

> 제가 확신하건대 저는 열다섯 살이 되기 전까지 거듭나지 못하였습니다.
> 그러나 열다섯 살이 되었을 때 주님이 성령의 중생시키시는 역사를 통해 제 영혼에 구원을 가져다주셨으며 그래서 저는 예수님을 저의 구주로 믿을 수 있게 되었습니다.

스펄전은 어느 주일날 아침에 눈보라 때문에 근처에 있는 어느 교회에 가서 예배를 드리게 되었습니다. 그날 아침 그 교회에는 열너덧 명 정도의 사람이 모여있었습니다. 눈 때문에 길이 막혔는지 목사님은 오지 않았습니다.

그래서 구두 수선공이나 재단사처럼 보이는 어떤 교인이 강단에 올라가서 설교했는데, 본문은 이사야 45:22이었고, 제목은 "땅의 모든 끝이여 내게로 돌이켜 구원을 받으라"였습니다. 그 설교자는 이렇게 설교를 시작하였습니다.

> 이것은 사실 매우 간단한 구절입니다. 성경은 '바라보라'라고 말씀하고 있습니다. 보는 것에는 많은 고통이 따르지 않습니다. 그것은 여러분의 발이나 손을 움직이게 하지 않습니다. 단지 '바라보는' 것뿐입니다. 사람은 바라보는 것을 배우기 위해 대학까지 갈 필요도 없습니다. 당신은 바보 중의 바보일 수 있습니다. 그러나 바라볼 수는 있습니다. 누구나 바라볼 수 있습니다.

그 설교자가 이렇게 말하고 난 후, 이어서 십자가에 핏방울을 흘리며 매달려 있는 예수 그리스도를 바라보라고 외쳤습니다. 그는 스펄전을 바라보면서 말하였습니다.

젊은이여, 예수 그리스도를 바라보시오!
당신이 할 일은 바라보고 사는 것뿐입니다!

바로 그 순간 스펄전은 거듭났습니다. 스펄전은 말하였습니다.

나는 나의 눈이 빠져나갈 정도로 바라보았습니다. 그때 그곳에서 구름은 걷혔습니다. 어둠은 물러가고 나는 태양을 보았습니다.

스펄전이 그 교회에 들어갔던 시간은 오전 10시 30분이었고 집으로 돌아왔을 때는 오후 12시 30분이었습니다. 바로 그 두 시간 동안에 놀라운 변화가 그에게 일어났던 것입니다. 가족들이 그를 보았을 때 이렇게 말하였습니다.

뭔가 훌륭한 일이 네게 일어났구나.

스펄전은 자기에게 일어났던 일을 가족에게 말하였습니다. 그것을 들었을 때 그의 가족은 큰 기쁨에 휩싸였습니다. 이처럼 변화된 사람을 통해 우리는 성령이 역사하신 것을 알 수 있습니다. 바람의 소리를 듣고 바람이 불어오는 것을 알 수 있는 것처럼 사람들이 변화된 것을 보고서 우리는 성령의 역사를 알 수 있는 것입니다.

5. 거듭나면 거룩한 성령을 닮는다

거듭나면 거룩한 성령의 성품을 닮게 됩니다. 아기들을 보시기 바랍니다. 그들은 부모를 꼭 빼닮았습니다. 아기들의 눈과 코와 입을 보면 부모와 똑같습니다. 외모만 그렇게 닮는 것이 아닙니다. 그들의 기질과 행동까지 모두 부모를 닮았습니다. 그처럼 아기는 그 부모를 그대로 닮습니다.

마찬가지로 거듭나게 되면 성령을 닮습니다. 성령은 "거룩한 영"이십니다. 거듭나는 것은 바로 그처럼 거룩하신 성령으로부터 출생하는 것인데 그렇게 되면 거듭난 사람은 거룩한 성령을 닮게 되어있습니다.

우리가 부모에게서 태어났을 때 부모로부터 부패하고 타락한 성품을 닮아서 나왔습니다. 그런데 이제 성령으로 거듭나게 되면, 성령의 거룩한 성품을 닮아 출생하게 됩니다. 스테판 차녹은 이렇게 말하였습니다.

> 타락 이후 모든 인류를 덮친 죄가 사탄의 형상을 각인했다고 한다면 거듭남의 은혜는 하나님의 형상을 각인했다. 왜냐하면, 은혜는 부패와 완전히 반대되는 것이기 때문이다.
> 하나님을 닮음은 창조 때 인간에게 주어진 행복이었다. 이제는 구속함을 받음으로써 그 행복이 회복된 것이다. "새 사람을 입었으니 이는 자기를 창조하신 이의 형상을 따라 지식에까지 새롭게 하심을 입은 자니라"(골 3:10).
> 하나님의 형상을 잃어버린 것은 인간의 불행이었다. 그러므로 우리의 복은 바로 그것을 회복하는 데 있다.

여기서 거듭나면 하나님의 형상이 각인된다고 하였습니다. 성령으로 거듭나면 성령을 닮아 거룩하게 됩니다.

성경에 보면 거듭난 사람의 거룩한 성품에 대한 묘사가 많이 있습니다. 베드로는 이렇게 말합니다.

> 너희가 정욕 때문에 세상에서 썩어질 것을 피하여 신성한 성품에 참여하는 자가 되게 하려 하셨느니라(벧후 1:4).

여기서 "신성한 성품"이라는 것이 바로 성령으로 거듭나서 얻게 된 성품입니다. 이것은 도덕적으로 조금 나아진 성품을 의미하는 게 아닙니다. 이것은 외적으로 조금 개혁된 성품을 뜻하는 것도 아닙니다. 이것은 전혀 새로운 본성을 의미합니다.

부패한 본성을 가진 부모에게서 부패한 본성을 가진 자녀가 태어나듯이 거룩한 성령으로부터 출생하는 그리스도인은 거룩한 성품을 가지고 출생하게 됩니다. 야고보는 말합니다.

> 오직 위로부터 난 지혜는 첫째 성결하고 다음에 화평하고 관용하고 양순하며 긍휼과 선한 열매가 가득하고 편견과 거짓이 없나니(약 3:17).

여기서 말하는 것도 바로 거룩한 성품을 뜻합니다. 이것은 부모로부터 물려받은 성품이 아니라 성령으로 거듭나서 가지게 된 성품입니다.

바울은 이렇게 말합니다.

> 너희가 서로 거짓말을 하지 말라 옛 사람과 그 행위를 벗어 버리고 새 사람을 입었으니 이는 자기를 창조하신 이의 형상을 따라 지식에까지 새롭게 하심을 입은 자니라(골 3:9-10).

이것이 무엇을 뜻합니까?

이것 역시 성령으로 새롭게 된 성품을 말합니다. 새로운 성품은 하나님의 거룩한 형상을 따라 지식에까지 새롭게 하심을 받는 것입니다.

지금까지 말씀드린 성경 구절들은 모두 거듭나면 얻게 되는 거룩한 성품을 의미합니다. 거듭나면 거룩한 성령을 닮아 거룩한 성품을 소유하게 됩니다.

이처럼 거듭난 사람은 새로운 거룩한 성품을 가지고 출생하기 때문에 그 변화가 아주 뚜렷합니다. 과거에 그 사람은 옛 사람의 본성을 가지고 있었는데 이제는 변화되어 새사람의 성품을 가지게 되었으니 주위에 있는 사람들이 그 변화를 보고서 깜짝 놀라는 것입니다.

거듭나면 그 사람은 이제 과거의 그 사람이 아닙니다.

과거에 그는 타락한 성품을 가지고 있었습니다. 그는 이기적이고 탐욕적인 사람이었습니다.

그러나 거듭난 후에 그는 변했습니다. 삭개오는 변화된 후에 예수님께 이렇게 말하였습니다.

> 주여 보시옵소서 내 소유의 절반을 가난한 자들에게 주겠사오며 만일 누구의 것을 속여 빼앗은 일이 있으면 네 갑절이나 갚겠나이다(눅 19:8).

자신의 재산을 절반 잘라서 가난한 자들에게 주는 것은 아무나 할 수 있는 일이 아닙니다. 욕심이 많은 인간은 자신의 재산을 남에게 선뜻 줄 수 없습니다.

그러나 성령의 신비스러운 역사가 스쳐 지나간 곳마다 이와 같은 일들이 일어납니다. 성령의 역사로 거듭나게 되면 그 사람은 이제 이기적이거나 탐욕적인 과거의 그 사람이 아닙니다.

그는 이제 전혀 새로운 사람이 된 것입니다. 그래서 그에게 성령의 열매가 가득한 것입니다.

오직 성령의 열매는 사랑과 희락과 화평과 오래 참음과 자비와 양선과 충성과 온유와 절제니 이같은 것을 금지할 법이 없느니라(갈 5:22-23).

거듭난 사람은 거룩한 성령을 닮기 때문에 이렇게 놀랍도록 새롭게 변화되는 것입니다.

제4장

하나님은 어떤 수단을 사용하시는가?

1. 말씀이 유일한 수단이다

하나님이 거듭남을 위하여 사용하시는 수단은 무엇입니까?

하나님이 무엇을 가지고 사람을 거듭나게 하십니까?

그것은 바로 복음의 말씀입니다. 사도 야고보는 말했습니다.

> 그가 그 피조물 중에 우리로 한 첫 열매가 되게 하시려고 자기의 뜻을 따라 진리의 말씀으로 우리를 낳으셨느니라(약 1:18).

이것은 거듭남, 즉 중생에 관한 말씀입니다. 여기서 거듭나게 하는 수단은 곧 진리의 말씀이라고 말합니다. 하나님은 복음의 말씀을 사용하셔서 사람들을 거듭나게 하십니다. 사도 베드로도 이렇게 말했습니다.

> 너희가 거듭난 것은 썩어질 씨로 된 것이 아니요 썩지 아니할 씨로 된 것이니 살아있고 항상 있는 하나님의 말씀으로 되었느니라(벧전 1:23).

여기서도 똑같이 살아있고 항상 있는 하나님의 말씀을 통해 거듭나게 된다고 하였습니다. 복음의 말씀은 하나님이 사람을 거듭나게 하는 수단입니다.

성경에 보면, 거듭남의 주체와 수단은 서로 구분이 됩니다. 거듭나게 하는 주체는 성령 하나님입니다. 성경에 거듭남의 주체를 말할 때는 "무엇으로부터"라는 단어를 사용합니다.

요한복음 3:5에 "성령으로 나지 아니하면"이라고 했는데, 이것은 성령으로 출생하는 것을 뜻합니다. 이것은 거듭남의 근원 또는 출처가 성령 하나님이시라는 것입니다.

성령이 거듭나게 하시는 주체입니다. 그런데 거듭나게 하는 수단에 관하여 말할 때 "무엇으로 말미암아" 또는 "무엇과 함께" 또는 "무엇을 통하여" 라는 단어를 사용합니다. 베드로전서 1:23에 거듭나게 되는 것은 "하나님의 말씀을 통하여"라고 하였습니다.

이런 말씀들을 통해 우리는 거듭나게 하는 수단이 하나님의 말씀인 것을 알 수 있습니다. 그래서 스테판 차녹은 말하였습니다.

복음의 말씀은 성령이 사용하시는 병거다.

복음의 말씀은 하나님이 거듭남을 위해 사용하시는 유일한 수단입니다.

자연 세계를 보면 놀라운 법칙이 하나 있는데 그것은 하나님이 일하실 때 반드시 수단들을 지정하신다는 사실입니다. 창세기에 보면 넷째 날에 태양과 달을 만드시고 그들이 빛을 비추도록 하셨습니다. 하나님이 태양과 달을 빛을 비추는 수단으로 정하신 것입니다.

또한, 하나님이 식물에 열매가 맺히도록 하여 사람과 동물의 음식이 되게 하셨습니다. 하나님은 공기를 시원하게 하는 수단으로 정하셨고, 물을 갈증을 해소하는 수단으로 지정하셨습니다.

하나님은 불을 따뜻하게 하는 수단으로 만드셨고, 또한 흙을 지정하여 그곳에서 식물과 곡식이 나도록 하셨습니다. 이렇게 하나님은 수단들을 지정하여 일하십니다. 영적인 세계도 마찬가지입니다. 하나님은 복음의 말씀을 거듭나게 하는 수단으로 지정하신 것입니다.

2. 거듭남의 수단이 아닌 것들

기적, 이적, 그리고 환상 등은 거듭나게 하는 수단이 아닙니다. 사람들은 이런 것들이 사람을 거듭나게 할 수 있는 것처럼 오해합니다.

그러나 그것은 잘못된 생각입니다. 사람이 아무리 기적과 이적을 많이 보아도 그것을 통해 거듭나지 못합니다. 왜냐하면, 기적이나 이적은 거듭나게 하는 수단이 아니기 때문입니다.

이스라엘 백성이 애굽에서 나올 때 하나님의 기적을 많이 보았습니다. 그들은 홍해가 기적적으로 갈라지는 것을 보았습니다. 그들은 하늘에서 만나가 내리는 이적도 보았고 또 바위에서 물이 나오는 놀라운 기적도 보았습니다.

그러나 그런 기적들이 그들을 변화시키지는 못하였습니다. 성경에 보면 이렇게 기록되어 있습니다.

> 그러므로 성령이 이르신 바와 같이 오늘 너희가 그의 음성을 듣거든 광야에서 시험하던 날에 거역하던 것 같이 너희 마음을 완고하게 하지 말라 거기서 너희 열조가 나를 시험하여 증험하고 사십 년 동안 나의 행사를 보았느니라(히 3:7-9).

이스라엘 백성은 광야에서 사십 년 동안 하나님의 많은 기적을 보았지만 그들은 여전히 강퍅한 마음을 가지고 있었습니다. 그런 기적들이 그들을 거듭나게 하지 못하였던 것입니다. 이적과 기적은 거듭나게 하는 수단이 아닙니다. 심지어 죽은 자가 다시 살아나는 놀라운 기적을 본다 할지라도 그것으로 인해 사람이 변화되지 못합니다.

지옥에 있는 부자가 아브라함에게 나사로를 자기 형

제들에게 보내 달라고 간청하였을 때 아브라함은 말하였습니다.

> 모세와 선지자들에게 듣지 아니하면 비록 죽은 자 가운데서 살아나는 자가 있을지라도 권함을 받지 아니하리라(눅 16:31).

부자는 아브라함에게 자기 형제들이 나사로가 다시 살아나는 놀라운 이적을 본다면 그들이 회개할 수 있다고 말한 것입니다.

그러나 아브라함은 비록 나사로가 죽은 자 가운데서 다시 살아나는 기적을 보여 준다고 할지라도 그들은 절대 회개하지 않을 것이라고 말하였습니다. 이것을 보면 이적과 기적은 거듭남의 수단이 아닌 것을 우리는 분명하게 알 수 있습니다.

환상도 역시 거듭남의 수단이 아닙니다. 사람들이 아무리 환상을 많이 본다 할지라도 그것으로 인하여 거듭나지 못합니다. 환상은 거듭나게 하는 수단이 아닙니다. 하나님이 거듭남을 위해 지정하신 유일한 수단은 오직 복음의 말씀뿐입니다.

하나님이 엘리야 선지자 앞을 지나가실 때 강한 바람과 지진과 불이 있었습니다(참고, 왕상 19:11-12). 처음에 크고 강한 바람이 일어났습니다. 그 바람의 위력이 얼마나 큰지 산을 가르고 바위를 부수었습니다. 그러나 거기에 하나님이 계시지 않았습니다.

그다음에는 지진이 일어났습니다. 지진이 발생하면 땅이 갈라지고 집들이 흔들려 무너집니다. 그처럼 무시무시한 지진이 발생하였습니다.

지진으로 산이 흔들릴 때 엘리야는 얼마나 무서웠겠습니까?

그러나 그 지진 가운데서도 하나님은 계시지 않았습니다.

그다음에는 불이 일어났습니다. 불은 모든 것을 다 태워버립니다. 엘리야는 바로 그와 같은 불이 일어나는 것을 보았습니다. 그러나 그 불 가운데서도 하나님은 계시지 않았습니다.

그다음에는 세미한 소리가 들렸습니다. 세미한 소리는 작고도 조용한 소리입니다. 놀랍게도 바로 그 세미한 소리 가운데 하나님이 계셨습니다. 그래서 엘리야는 그 세미한 소리를 듣게 되었을 때 곧바로 하나님이 계신 것을 인식하고, 겉옷으로 자신의 얼굴을 가리고 굴 입구에 나가 섰습니다(참고, 왕상 19:13). 세미한 소리를 들었을 때, 엘리야의 영혼은 움직였고 그는 회개하는 심정으로 하나님 앞에 섰던 것입니다. 엘리야는 자신의 어리석은 마음과 행동을 뉘우쳤습니다.

우리는 여기서 하나님이 엘리야 선지자를 책망하시고 훈계하시는 것을 보게 됩니다. 또한, 교훈하시는 수단이 무엇인지를 보게 됩니다. 그것은 강한 바람이나 지진이나 불이 아니라 세미한 소리입니다.

하나님은 사람들의 눈에 보기에 거대하고 웅장하고 거창한 그 어떤 것들을 사용하시는 것이 아니라 초라해 보이고 연약해 보이며 또한 볼품없어 보이는 것을 사용하십니다. 세미한 소리는 아주 조용한 소리입니다. 그것은 산을 쩌렁쩌렁 울리는 그런 소리가 아닙니다. 그것은 수많은 청중의 귀에 충격을 주는 거대한 소리가 아닙니다. 그것은 단지 조용한 소리일 뿐입니다.

그것은 산을 가르는 소리도 아니고 땅을 뒤집는 소리도 아닙니다. 그것은 불의 화염을 보여주는 그런 소리도 아닙니다. 그것은 단지 조용하고도 작은 소리입니다. 그런데 놀라운 사실은 바로 그런 세미한 소리 가운데 하나님이 임재하여 계셨던 것입니다. 하나님은 엘리야를 각성시키기 위하여 바로 그 세미한 소리를 수단으로 사용하셨습니다.

거듭남의 수단도 마찬가지입니다. 하나님은 거듭나게 하는 수단으로 세미한 소리와 같은 복음의 말씀을 지정하셨습니다.

3. 하나님의 말씀으로 변화되다

디모데는 어렸을 때 말씀을 통하여 거듭났습니다. 바울은 디모데에게 말하였습니다.

> 그러나 너는 배우고 확신한 일에 거하라 너는 네가 누구에게서 배운 것을 알며 또 어려서부터 성경을 알았나니 성경은 능히 너로 하여금 그리스도 예수 안에 있는 믿음으로 말미암아 구원에 이르는 지혜가 있게 하느니라(딤후 3:14-15).

여기 이 말씀에서 바울은 디모데에게 그가 어려서부터

성경을 알았다고 말하는데, 이것은 디모데가 어린 나이에 성경 말씀을 통하여 거듭났다는 뜻입니다. 디모데는 어릴 때부터 경건한 외조모 로이스와 어머니 유니게를 통하여 성경을 배웠습니다.

그는 아주 훌륭한 신앙의 가정에서 자라나면서 성경을 배웠고, 그 말씀을 통하여 그는 거듭나게 되었던 것입니다. 그래서 바울은 디모데후서 1:5에서 디모데에게 "네 속에 거짓이 없는 믿음"이 있다고 말하였습니다. 디모데는 어릴 때 성경 말씀을 통하여 거듭나서 순수한 믿음을 가지고 있었습니다.

오순절 날에 예루살렘에 있던 유대인들 가운데 삼천 명이 동시에 구원을 얻는 놀라운 사건이 있었습니다 (참고, 행 2:41).

어떻게 그들이 한순간에 그렇게 거듭날 수 있었습니까?

그들은 무엇을 통하여 거듭나게 되었습니까?

그것은 바로 사도 베드로가 선포한 복음의 말씀입니다. 제임스 뷰캐넌(James Buchanan)은 이렇게 말하였습니다.

오순절에 위대한 회심의 역사를 일으켰던 효과적인 주요 수단은 방언의 은사나 이적이 아니라 바로 복음이었다. 바로 이 복음선포를 통하여 구원받아야 할 삼천 명이 교회에 더해진 것이다. 이로써 이 위대한 회심 사역의 직접적인 수단은 복음의 메시지를 밝히 선포함으로써 그들의 마음과 양심에 성령의 나타나심과 능력으로 잘 알아듣도록 설명한 베드로의 설교였음을 알 수 있다.

여기서 뷰캐넌이 말한 대로 오순절 날에 일어난 거듭남의 역사는 방언이나 이적이 아니라 복음의 선포를 통해서입니다.

베드로는 그들에게 예수님은 법 없는 자들의 손에 못 박혀 죽으신 것과 다윗이 예언한 대로 음부에 버림이 되지 않고 부활하셨음에 대하여 설교하였습니다. 그러면서 설교 끝에 이렇게 말했습니다.

> 그런즉 이스라엘 온 집은 확실히 알지니 너희가 십자가에 못 박은 이 예수를 하나님이 주와 그리스도가 되게 하셨느니라(행 2:36).

바로 이런 복음 메시지를 듣고 삼천 명이 일시에 거듭 났던 것입니다.

종교개혁자 마틴 루터는 다음의 로마서의 말씀을 통해 거듭났습니다.

> 복음에는 하나님의 의가 나타나서 믿음으로 믿음에 이르게 하나니 기록된바 오직 의인은 믿음으로 말미암아 살리라 함과 같으니라(롬 1:17).

루터는 자신의 거듭남에 대하여 이렇게 말합니다.

> 바울의 로마서를 이해하려고 몹시 애쓰는 나에게 가장 큰 장애물은 "하나님의 의"였다. 그것은 내가 이 의라는 말을 하나님은 의로운 분이요 따라서 불의한 사람들을 공정하게 처벌하신다는 뜻으로 받아들이고 있었기 때문이다.
>
> 그때 나의 상황으로 말하면 수도사로서는 털끝만치도 흠잡을 데가 없었지만 하나님 앞에서는 여전히 마음이 괴로운 죄인이었기에 도무지 나의 공로를 가지고는 그분을 누그러뜨릴 자신이 없었다. 그러므로 나는 공정하

고 성난 하나님을 사랑하지 않았으며 오히려 증오하고 그분에게 투덜댔다. 그러면서도 여전히 나는 바울을 붙잡고 늘어지면서 그의 말에 무슨 뜻이 담겨있을까 하고 계속 살펴보았다.

밤낮 가리지 않고 곰곰이 생각하던 어느 날 나는 "하나님의 의"와 "의인은 믿음으로 산다"라는 말 사이에 관련이 있다는 것을 깨달았다. 그때 나는 하나님의 의란 하나님이 은혜와 순수한 자비를 발휘하신 나머지 우리의 믿음을 보시고 우리에게 죄가 없는 것으로 취급하는 그 의라는 것을 터득하였다.

그 순간 나는 새로 태어나서 활짝 열린 문을 통해 낙원에 이른 기분이었다. 성경 전체가 새로운 의미를 지녔으며 전에는 '하나님의 정의' 때문에 내 속은 증오로 가득 차 있었지만, 이제는 그것이 이루 말할 수 없이 소중하게 되었으며, 더 큰 사랑을 불러일으켰다. 바울서신의 이 대목이 나에게 있어서 하늘로 통하는 하나의 문이었다.

이것이 마틴 루터의 거듭남의 경험입니다. 그는 로마서의 말씀을 가지고 오랫동안 씨름하였습니다. 그는 그 말씀의 의미를 제대로 이해하려고 몸부림쳤습니다. 그러던 중에 하나님의 은혜로 그는 그 말씀을 이해하게 되었고 그때 거듭났던 것입니다.

이처럼 사람들이 하나님의 말씀을 통하여 거듭나게 되는 것입니다. 다른 것들을 통해서는 사람이 변화될 수 없습니다. 철학은 우리를 거듭나게 하지 못합니다. 도덕적인 가르침도 마찬가지입니다. 세상 학문이나 이적과 환상 등도 우리를 새롭게 변화시키지 못합니다. 오직 하나님의 말씀을 통하여 새롭게 변화될 수 있습니다.

4. 복음의 말씀을 들어야 한다

그러므로 거듭나기 위해서는 복음의 말씀을 들어야 합니다.

복음이란 무엇입니까?

그것은 곧 예수 그리스도의 십자가에서의 죽으심입니다. 바울은 말하였습니다.

> 우리는 십자가에 못 박힌 그리스도를 전하니 (고전 1:23).

이것이 바로 복음입니다. 예수 그리스도께서 우리의 죄를 위하여 십자가에 못 박혀 죽으신 것을 믿으면 구원을 얻게 된다는 것이 복음입니다. 사람이 이런 복음의 말씀을 들을 때에 그것을 통하여 거듭나게 되는 것입니다. 바울은 고린도 지역에 갔을 때 예수 그리스도의 복음만을 증거 하기로 하였습니다.

> 형제들아 내가 너희에게 나아가 하나님의 증거를 전할 때에 말과 지혜의 아름다운 것으로 아니하였나니 내가 너희 중에서 예수 그리스도와 그가 십자가에 못 박히신 것 외에는 아무 것도 알지 아니하기로 작정하였음이라 내가 너희 가운데 거할 때에 약하고 두려워하고 심히 떨었노라 내 말과 내 전도함이 설득력 있는 지혜의 말로 하지 아니하고 다만 성령의 나타나심과 능력으로 하여 너희 믿음이 사람의 지혜에 있지 아니하고 다만 하나님의 능력에 있게 하려 하였노라(고전 2:1-5).

바울이 이렇게 결심하는 것은 복음만이 사람들을 거듭나게 할 수 있다는 사실을 그가 잘 알았기 때문입니다. 복음을 듣지 않고서는 사람이 거듭날 수 없습니다.

왜 성경을 읽어야 합니까?

왜 하나님의 말씀을 들어야 합니까?

그것은 오직 복음의 말씀을 들을 때에 사람이 거듭날 수 있기 때문입니다.

18세기의 위대한 설교자 조지 휫필드가 한 번은 어느 곳에 가서 설교할 때 청중석에 앉아 있던 한 노인이 설교를 듣지 않고 잠을 자고 있었습니다. 그러자 휫필드는 설교를 중단하고 음성을 바꾸어서 이렇게 말하였습니다.

> 만일 내가 나의 이름으로 여러분에게 말하러 온 것이라면 여러분은 두 무릎을 머리에 끼고 자도 좋고 두 팔로 턱을 괴고 졸아도 좋습니다. 그러나 나는 나의 이름으로 오지 않았습니다. 나는 만군의 여호와 이름으로 여러분에게 왔습니다.

여기서 휫필드는 건물이 울리도록 발을 구르고 강대상을 치면서 계속 말하였습니다.

> 그러므로 나는 말해야 하겠고 여러분은 들어야 하겠습니다.

그때 그 노인이 이 소리를 듣고 잠에서 깨어났습니다. 휫필드는 그 노인을 보면서 이렇게 말하였습니다.

> 내가 당신을 깨웠지요. 내가 깨우고 싶어 깨운 것입니다. 나는 나무토막이나 돌멩이에게 설교하려고 여기에 온 것이 아닙니다. 나는 만군의 여호와 이름으로 여러분에게 온 것입니다.

휫필드의 이 말이 있고 난 다음에 모든 청중은 휫필드의 설교를 깊이 경청하였다고 합니다. 사람들이 거듭나려면 그처럼 복음의 말씀을 깊이 경청해야 합니다.

갈라디아서에 나오는 다른 복음을 듣는 것은 아무 소용이 없습니다. 그것을 통해서는 거듭날 수가 없고 도리어 멸망하게 됩니다. 바울은 이렇게 말했습니다.

> 그리스도의 은혜로 너희를 부르신 이를 이같이 속히 떠나 다른 복음을 따르는 것을 내가 이상하게 여기노라 다른 복음은 없나니 다만 어떤 사람들이 너희를 교란하여 그리스도의 복음을 변하게 하려 함이라(갈 1:6-7).

갈라디아교회를 어지럽게 하였던 거짓 선생들은 순수한 복음에다가 할례를 덧붙였습니다. 할례를 전한다는 것은 그리스도의 십자가로는 충분하지 않으니 할례 같은 것으로 보완해야 한다는 의미입니다. 이것은 십자가를 통하여 이룩한 그리스도의 완성된 구속을 부정하는 것입니다.

그리스도의 십자가를 깎아내리는 것이니 그 얼마나 위험합니까?

반면에 후메내오와 빌레도는 하나님의 말씀에서 부활을 빼버렸습니다. 바울은 그들의 진리가 크게 잘못되었음을 이렇게 지적합니다.

> 망령되고 헛된 말을 버리라 그들은 경건하지 아니함에 점점 나아가나니 그들의 말은 악성 종양이 퍼져 나감과 같은데 그중에 후메내오와 빌레도가 있느니라 진리에 관하여는 그들이 그릇되었도다 부활이 이미 지나갔다 함으로 어떤 사람들의 믿음을 무너뜨리느니라(딤후 2:16-18).

여기서 이 사람들은 순수한 복음에서 부활을 제거함으로써 다른 복음을 만들어 낸 것입니다. 이처럼 하나님의 말씀에 어떤 것을 섞거나 빼내면 그것은 사람들을 멸망으로 인도하는 다른 복음이 되는 것입니다.

그러므로 그런 다른 복음을 들어서는 안 됩니다. 그것은 사람을 거듭나게 하는 것이 아닙니다. 거듭나기 위해서는 반드시 예수 그리스도의 바른 복음을 들어야 합니다.

5. 거듭나게 하는 수단의 놀라운 능력

복음의 말씀에는 놀라운 능력이 있습니다. 그것은 차가운 문자의 나열이 아니라 하나님의 능력입니다. 바울은 말하였습니다.

> 내가 복음을 부끄러워하지 아니하노니 이 복음은 모든 믿는 자에게 구원을 주시는 하나님의 능력이 됨이라 (롬 1:16).

복음은 하나님의 능력입니다. 바울이 복음을 전하였을 때, 그의 복음 설교에는 하나님의 놀라운 능력이 나타났습니다. 바울은 말하였습니다.

> 내 말과 내 전도함이 설득력 있는 지혜의 말로 하지 아니하고 다만 성령의 나타나심과 능력으로 하여(고전 2:4).

그가 복음의 말씀을 선포할 때에 거기에 성령이 나타났으며 그래서 그것을 들은 사람들이 거듭났던 것입니다. 바울은 데살로니가에서 일어난 일에 대하여 말하였습니다.

> 이는 우리 복음이 너희에게 말로만 이른 것이 아니라 오직 능력과 성령과 큰 확신으로 된 것이라(살전 1:5).

바울이 데살로니가에 가서 복음을 전할 때 거기 말씀의 능력이 나타났습니다. 그래서 그것을 들은 사람들이 거듭나게 되었고 그 결과 데살로니가 사람들은 우상을 버리고 하나님께로 돌아왔으며 또한 믿음의 역사와 사랑의 수고 그리고 소망의 인내를 가진 아름다운 신앙인들이 될 수 있었습니다(참고, 살전 1:3).

복음의 말씀에는 그처럼 사람을 거듭나게 하는 하나님

의 놀라운 능력이 있습니다. 죽은 나사로의 무덤 앞에서 주님은 큰 소리로 부르셨습니다.

나사로야 나오라(요 11:43).

그때 죽은 나사로는 수족이 베로 동인 채로 무덤에서 걸어 나왔습니다.

얼마나 놀라운 일입니까!

예수님의 말씀에는 놀라운 능력이 있습니다. 나사로는 주님의 능력의 말씀을 듣고 살아났습니다. 복음의 말씀은 죽은 나사로를 살려내는 예수님의 능력 있는 목소리와도 같습니다. 그래서 복음이 선포되면 죽은 영혼이 살아납니다. 그것은 복음에 하나님의 능력이 있기 때문입니다.

여호수아에 나오는 여리고 성이 어떻게 무너졌습니까?

그것은 이스라엘 백성들의 외침 때문입니다.

크게 소리 질러 외치니 성벽이 무너져 내린지라
(수 6:20).

백성들이 소리를 지르니 성벽이 무너져 내렸습니다.

어떻게 사람들이 소리친다고 돌로 된 튼튼한 성벽이 무너져 내릴 수가 있습니까?

전쟁의 역사 가운데 그와 같은 일은 없습니다.

그러나 이스라엘 백성들이 외칠 때 하나님의 능력이 거기 함께하였기에 여리고 성벽이 무너져 내렸던 것입니다.

사람들의 철옹성 같은 마음이 어떻게 무너져 내릴 수 있습니까?

그것은 능력 있는 복음의 말씀을 들을 때입니다. 복음의 말씀은 능력이 있어서 그것을 들을 때에 아무리 강하고 죄악된 마음의 성벽도 무너져 내리게 되는 것입니다. 사람을 거듭나게 하는 복음은 그처럼 능력이 있습니다.

데이비드 브레이너드는 인디언들에게 복음을 전할 때 항상 그리스도의 십자가를 중심으로 설교하였습니다. 그는 말하였습니다.

> 나는 가끔 내가 다루어온 주제가 한결같이 예수 그리스도였다는 점에 감사한다. 주어진 본문 말씀을 설명하고 예증할 충분한 시간을 가진 후, 모든 주제가 되는 내용

을 자연스럽고 원만하게 그리스도께 맞추는 것이다.

복음의 말씀에 하나님의 능력이 있으므로 그가 인디언들에게 그리스도 중심적인 설교를 할 때 하나님의 놀라우신 능력과 도우심을 입었습니다. 브레이너드는 복음을 전할 때 나타난 하나님의 능력에 대하여 이렇게 말합니다.

> 나는 이런 일을 실행하는 데 있어 나의 힘에 의지하지 않았다는 것을 언급하고 싶다. 왜냐하면, 엄청난 일에 직면하여 나 자신에게는 감당할 힘과 지혜가 없었을 때가 한두 번이 아니었기 때문이다.
> 나는 미개한 인디언들에게 어떤 말씀을 어떻게 전해야 할지 전혀 몰랐다. 그렇지만 하나님은 아무것도 모른 채 다만 십자가와 예수님만을 전하려는 나를 기뻐하셨다. 그러므로 나는 그들에게 있어 예수님이 없으면 그들이 얼마나 비참한가를 보여 줄 수 있었고 그들을 구원하는 데는 오직 그리스도밖에 없음을 설명해 줄 수 있었다.
> 이는 인디언 가운데 은혜의 사역을 전파하시고 죄인

들을 깨우치기 위하여 하나님이 정하신 설교였다. 나는 예수님은 죄인을 구원하실 능력이 있음과 이를 기뻐하신다는 것, 그리고 그들이 예수님을 구주로 영접해야 할 필요성을 즐겨 설교하였는데 그때마다 놀라운 은혜가 있었다. 수많은 사람이 주님의 능력 앞에 깨어지고 회개하기 시작하였으며 비통한 심정으로 위로를 받았다.

복음의 말씀에는 이처럼 하나님의 놀라운 능력이 있습니다. 그래서 그것을 듣는 사람들이 새롭게 변화되는 것입니다. 사람을 거듭나게 하는 것은 오직 능력의 말씀뿐입니다.

제 5 장

새 것이 되었도다

1. 생각이 완전히 바뀐다

바울은 거듭난 사람을 새로운 피조물이라고 하였습니다.

> 그런즉 누구든지 그리스도 안에 있으면 새로운 피조물이라 이전 것은 지나갔으니 보라 새 것이 되었도다 (고후 5:17).

여기서 새로운 피조물이라는 것은 사람이 전체적으로 완전히 새롭게 변하는 것을 뜻합니다. 거듭남이란 사람의 어느 한 부분이 변하는 것이 아니라 전체가 새롭게 변하는 것입니다. 스테판 차녹은 이렇게 말하였습니다.

> 거듭남은 새로운 피조물이 되는 것이다. 그것은 단지 어떤 새로운 힘이나 어떤 새로운 기능을 부여받는 것이 아니라 전적으로 새로운 피조물이 되는 것이다. 이것은 모든 부분에 영향을 미친다. 이해력, 의지, 양심, 정서, 이 모든 것이 죄로 인하여 부패하여졌는데, 이제는 은혜로 새롭게 된다.
>
> 은혜는 영혼의 모든 부분에 그것의 깃발을 세우고 모든 구석을 살피며 그리고 숨어 있는 모든 적을 대항하여 승리를 거둔다. 죄가 손상되는 것만큼 그만큼 더 새로워지는 것이다.

이처럼 거듭남이란 사람의 일부분이 아니라 전체가 완전히 새롭게 변화되는 것을 말합니다. 거듭나는 것은 단순히 몇 가지 도덕적 가르침을 받아서 일시적으로 행동이 조금 나아진 것을 뜻하는 것이 아닙니다. 또한, 어떤 일을 계기로 더 나은 삶을 살겠다는 결심으로 인해 행동이 조금 개선된 것을 말하는 것도 아닙니다. 거듭남은 성령으로 말미암아 전인(the whole man)이 완전히 변하는 것을 뜻합니다.

그렇다면 전인이 어떻게 변하는 것입니까?

첫째, 거듭나면 사람의 생각이 완전히 바뀝니다.

"생각"이라는 것은 이지, 이해력, 정서, 감정 그리고 욕구 등을 모두 포함합니다. 그래서 어떤 사람이 무엇을 생각한다고 하면 그것은 그 사람의 전인적인 관심이 무엇인지를 보여주는 것입니다. 거듭나기 전에 사람들은 오로지 눈에 보이는 이 세상의 것들만을 생각합니다.

바울은 그것을 땅의 일을 생각하는 것이라고 하고(참고, 빌 3:19) 또 육신의 생각이라고 하였습니다.

> 육신을 따르는 자는 육신의 일을, 영을 따르는 자는 영의 일을 생각하나니 육신의 생각은 사망이요 영의 생각은 생명과 평안이니라 육신의 생각은 하나님과 원수가 되나니 이는 하나님의 법에 굴복하지 아니할 뿐 아니라 할 수도 없음이라(롬 8:5-7).

여기서 육신의 생각이란 영적인 것에는 아무런 관심이 없고 오직 눈에 보이는 이 땅의 것들만을 생각하는 것을 뜻합니다. 로이드 존스는 그런 자들에 대하여 말하였습니다.

> 그들의 모든 생각, 관심, 그들이 추구하는 모든 것들은 전적으로 영적인 영역과 하나님께 속한 영역에서 완전히 벗어나 있다.

거듭나기 전에는 영적으로 죽어있고 하나님의 생명에서 떠나 있으며 또한 하나님을 생각할 수 없고 눈을 들어서 하늘에 있는 것들을 바라볼 수도 없습니다.

사람이 거듭나게 되면 무엇보다도 먼저 이런 생각이 완전히 바뀝니다. 땅으로 향하던 생각이 이제는 하늘로 향하게 됩니다. 바울은 이렇게 새롭게 변화된 생각을 "영의 생각"이라고 하였습니다. 존 머리는 영의 생각이 무엇인지를 이렇게 말합니다.

> "육신의 일을 생각한다"라는 것은 육신에 속한 생각, 관심사, 애정, 그리고 목적에 온통 몰두한다는 것이다. "육신의 생각"은 복합적인 성격을 갖고 있다. 그것은 육신에 의해 형성되고 통제를 받는 이성의 활동뿐만 아니라 감정과 이지의 활동까지 포함된다. 마찬가지로

> "영의 일"은 성령에 속한 생각, 관심사, 애정, 그리고 목적에 온통 몰두하는 것이다. "영의 생각"도 역시 복합적인 성격을 갖고 있다. 성령에 의해 형성되고 통제를 받는 이성과 감정과 의지의 활동이 모두 포함된다.

여기서 영의 생각은 성령에 의하여 형성되고 통제받는 이성, 감정, 의지의 활동 등을 의미한다고 하였습니다. 과거에는 생각이 전적으로 육신에 의하여 통제를 받았는데 이제는 새롭게 변화되어서 성령에 의하여 통제를 받는 것입니다. 새롭게 변화된 생각에 대하여 존 오웬은 이렇게 말합니다.

> 영의 생각은 성령으로 새롭게 된 이지와 정서의 모든 실천적 행사로 보아야 한다. 영적인 일들을 생각하고 그 영적인 일들에 애착을 두고 그 영적인 일들에서 맛과 풍미를 느끼며 거기서 즐거움과 만족을 찾기까지 나아가려는 모든 작용, 바로 그것이 영의 생각이다.

여기서 거듭나서 생각이 바뀌면 영적인 일에 애착을 두고 맛을 느끼며 또 만족을 누린다고 하였습니다. 거듭난 사람은 이제 하늘에 속한 영적인 것들을 생각하고 묵상하며 즐거움과 만족을 누립니다. 과거에 그는 이 땅의 것들을 생각하며 즐거움과 만족을 얻었습니다.

그러나 이제 그 모든 것이 완전히 바뀌었습니다. 그는 영적인 것들을 생각하며 즐거워합니다. 그는 이제 성경을 사랑합니다. 그래서 그는 그것을 읽으면서 기쁨을 누립니다. 시편에 다음과 같이 말하였습니다.

> 오직 여호와의 율법을 즐거워하여 그의 율법을 주야로 묵상하는도다(시 1:2).

이것이 바로 영의 생각을 하는 거듭난 사람의 모습입니다. 또한, 그는 이제 하나님을 사랑합니다. 그래서 이렇게 고백하는 것입니다.

> 하늘에서는 주 외에 누가 내게 있으리요 땅에서는 주 밖에 내가 사모할 이 없나이다(시 73:25).

거듭나게 되면 이렇게 생각이 완전히 새롭게 바뀌는 것입니다.

2. 죄를 미워하기에 죄와 싸운다

둘째, 거듭나면 죄를 미워하기에 죄와 싸우게 됩니다. 거듭나기 전에는 죄를 사랑하였습니다.

그러나 이제는 거듭나서 그것을 미워하게 되었습니다. 그리고 이제는 의와 거룩을 사랑합니다. 오바댜 세즈윅은 말하였습니다.

> 진정으로 거룩한 사람은 모든 죄에 대해 심한 반감을 갖고 반대한다. 그가 죄를 반대하는 것은 그 죄가 공공연히 남의 눈에 뜨이기 때문이 아니며 그 죄가 사적이고 은밀하기 때문도 아니다. 공공연한 죄든 사적인 죄든 그 죄가 하나님의 의지와 영광과 반대되기 때문에 미워하는 것이다.

빛과 어둠은 완전히 구별됩니다. 빛이 어둠을 좋아할 수 없으며 어둠이 빛을 좋아할 수도 없습니다. 마찬가지로 거듭나서 빛의 자녀가 되면 어둠에 속한 죄를 미워하게 됩니다.

물론 죄를 미워한다고 해서, 그것이 죄를 전혀 짓지 않는다는 뜻이 아닙니다. 거듭난 후에도 그리스도인은 죄를 짓습니다. 사도 요한은 이런 사실을 부정하면 그것은 하나님을 거짓말하는 자로 만드는 것이며 하나님의 말씀이 우리 속에 있지 않다고 말하였습니다.

성경에 보면 의로운 노아도 포도주를 마시고 부끄러운 모습을 보여주는 죄를 범하였고 가장 위대한 성도인 다윗도 간음죄를 범하였으며 사도 베드로도 저주하고 맹세까지 하면서 주님을 부인하는 죄를 범하였습니다.

이들은 모두 다 거듭난 사람들입니다. 그런데도 그런 죄를 범하였습니다. 죄를 미워한다는 것이 죄를 아예 짓지 않는다는 뜻이 아닙니다. 거듭난 후에도 때로 죄에 넘어집니다.

그러나 거듭난 사람은 습관적으로 죄를 짓지는 않습니다. 이런 진리에 대하여 요한은 이렇게 말합니다.

> 죄를 짓는 자는 마귀에게 속하나니 마귀는 처음부터 범죄함이라 하나님의 아들이 나타나신 것은 마귀의 일을 멸하려 하심이라 하나님께로부터 난 자마다 죄를 짓지 아니하나니 이는 하나님의 씨가 그의 속에 거함이요 그도 범죄하지 못하는 것은 하나님께로부터 났음이라(요일 3:8-9).

싱클레어 퍼거슨은 그의 책 『그리스도인의 삶』에서 요한일서 3:9의 말씀을 이렇게 설명합니다.

> 이 말씀을 통해 요한이 말하고자 하는 바는 이것이다. 즉 거듭남을 통해 그리스도인의 삶에는 죄에 대한 근본적인 변화가 일어난다는 사실이다. 이것은 그리스도인이 계속해서 죄를 짓지 않는다는 것보다는 계속해서 죄를 지을 수 없다는 뜻으로 볼 수 있다.

이 말처럼 거듭나게 되면 성향이 근본적으로 바뀌기 때문에 계속해서 죄를 지을 수 없는 것입니다. 토마스 콜도 같은 맥락의 말을 다음과 같이 하였습니다.

> 거듭난 자는 계속 죄를 지을 수 없다. 그것은 그의 본성에 반하는 일이기 때문이다. 그는 죄의 행위에 놀랄 수 있지만 새 본성은 속히 회복되어 회개로 그 죄를 물리칠 것이다.

여기서 죄를 계속하여 짓는 것은 거듭난 사람의 본성에 반하는 것이라고 하였습니다. 그러므로 거듭나면 습관적으로 죄를 짓지 않는 것입니다.

습관적으로 죄를 짓는다면 그것은 그 사람이 마귀에게 속하여 있다는 것을 의미합니다. 성령으로 거듭난 사람은 때로 죄에 넘어질 수는 있지만 결코 그렇게 습관적으로 죄를 짓지 않습니다.

거듭나면 죄를 미워하기 때문에 일평생 죄와 싸우게 됩니다. 죄와 싸우지 않으면 그는 진정 거듭난 사람이라고 볼 수 없습니다.

성령으로 거듭난 사람이 어찌 죄와 싸우지 않을 수 있겠습니까?

바울은 거듭난 사람의 내면에 성령의 소욕과 육체의 욕심이 서로 갈등하고 싸운다고 하였습니다.

> 내가 이르노니 너희는 성령을 따라 행하라 그리하면 육체의 욕심을 이루지 아니하리라 육체의 소욕은 성령을 거스리고 성령은 육체를 거스리나니 이 둘이 서로 대적함으로 너희가 원하는 것을 하지 못하게 하려 함이니라 (갈 5:16-17).

이것이 바로 죄와 싸우는 성도의 모습입니다. 그는 죄

를 혐오하고 싫어합니다. 그래서 그것과 싸우는 것입니다. 청교도들은 이것을 '죄 죽임'(mortification)이라고 불렀습니다. 바울은 말합니다.

> 우리가 알거니와 우리의 옛 사람이 예수와 함께 십자가에 못 박힌 것은 죄의 몸이 죽어 다시는 우리가 죄에게 종노릇하지 아니하려 함이니(롬 6:6).

이것은 우리가 그리스도와 연합하는 순간에 우리 안에 내재하는 죄가 결정타를 맞고 그 주도권을 빼앗겼다는 의미입니다. 그렇다고 해서 죄가 우리 안에서 완전히 제거되고 없어졌다는 뜻은 아닙니다.

여전히 죄의 약화된 세력은 남아 있습니다. 그것을 제거하고 물리치고 억제하는 것이 바로 죄 죽임입니다. 죄를 죽이는 일은 오직 거듭난 사람들만이 할 수 있습니다. 거듭나지 못한 사람들은 죄를 죽일 수 없습니다. 그들은 오히려 죄에 지배당하고 끌려다닙니다.

그러나 거듭난 사람은 죄와 싸우면서 그것을 억제하고 죽입니다. 존 오웬은 말하였습니다.

거듭나지 않은 상태에서 죄를 죽이려는 시도는 실패로 돌아갈 수밖에 없다. 살아있는 자, 거듭난 자만이 죄를 죽일 수 있다.

오직 성령으로 거듭난 자들만이 죄와 싸우면서 승리할 수 있습니다.

3. 거룩한 삶을 살고자 애쓴다

셋째, 거듭나면 거룩한 삶을 살고자 애쓰게 됩니다. 여기 거룩한 삶은 곧 성화를 뜻합니다. 거듭남과 성화의 관계는 출생과 성장의 관계와 같습니다. 갓 출생한 아기는 그 순간부터 자라나게 됩니다.

출생하고 나서 그 상태 그대로 있는 아기는 없습니다. 생명이 있는 아기는 반드시 자라나게 되어있습니다. 그처럼 거듭난 사람도 반드시 거룩한 삶을 살게 되어있습니다. 조지 스윈녹은 거듭남과 성화의 관계에 대하여 이렇게 말하였습니다.

성화는 전인격적인 역사로 지속적이고 점진적인 갱신이다. 그로 인하여 새로운 피조물은 매일 죄에 대해 죽고 하나님에 대하여 살게 된다. 중생은 출생이요 성화는 은혜 안에 있는 어린아이의 성장이다. 중생은 거룩한 태양의 일출이다. 성화는 그 일출 된 태양의 운행과정이다. 완전한 날이 이르기까지 더 밝고 찬란하게 비추며 원만한 광명에 이르는 것이다.

중생은 본성으로부터 은혜로 이어지는 특별한 변화를 말하며 성화는 은혜의 한 측면에서 다른 차원으로 점진적으로 변화되는 것을 말한다. 그로 인하여 성도는 시온에서 하나님 앞에 서게 될 때까지 더 강건해지는 것이다.

이처럼 거듭남이란 단번에 이루어진 일이고 성화는 하나님의 은혜로 인하여 지속해서 이루어져 가는 과정입니다. 그러므로 성화의 삶이 없다면 그 사람은 거듭난 것이 아닙니다. 아더 핑크는 말하였습니다.

은혜 가운데 자라 가지 않으면서도 영광을 향해 순례하고 있다고 생각하는 것은 철저히 기만당하고 있다.

어떤 사람들은 거룩한 삶을 살지 않으면서도, 믿음을 가지고 있으므로 안전하다고 생각합니다.

그러나 열매로 나무를 아는 것처럼, 거룩한 삶의 모습이 보이지 않으면 그것은 결코 참된 믿음을 가졌다고 볼 수 없습니다. 성령으로 거듭났다면 반드시 거룩한 삶의 열매가 나타나게 되어있습니다.

욥은 날마다 성화에 힘썼습니다. 그는 자신만 그렇게 산 것이 아니라 그의 자녀들도 모두 거룩하게 살기를 소망하였습니다. 그래서 잔칫날이 지나면 자녀들을 불러다 성결케 하였습니다. 왜냐하면, 혹시 그의 자녀들이 죄를 범하여 마음으로 하나님을 배반하였을까 염려하였기 때문입니다.

어거스틴의 모친 모니카는 오직 주님만을 의지하는 참으로 경건한 여인이었습니다. 그녀는 진리를 찾지 못하고 방황하던 어거스틴을 위하여 밤낮 눈물로 기도하였습니다. 어거스틴은 자기 모친에 대하여 이렇게 말하였습니다.

어머니는 기도를 통해 늘 주님과 대화하셨습니다. 어머니가 눈물을 흘리고 주님께 간구한 것은 금은이나 변하고 없어질 세상의 재물이 아니라 오직 아들의 영혼을 구원하기 위함이었습니다.

또 다른 곳에서 어거스틴은 이렇게 말합니다.

어머니는 계속 밤을 지새우며 눈물의 기도를 드리며 나를 덮고 있는 흑암의 세력이 걷히도록 간구했고 더욱 열심히 교회에 출석했으며 암브로시우스 감독의 설교에 은혜를 받고 하나님의 말씀을 통하여 영생하도록 솟아나는 샘물을 마셨습니다.

하나님은 모니카의 간절한 기도를 들으셨습니다. 그래서 하나님의 은혜로 어거스틴은 거듭났습니다. 모니카는 죽기 전에 어거스틴에게 다음과 같은 말을 남겼습니다.

내 사랑하는 아들아, 이제 나는 이 육신의 삶을 통해 아무런 기쁨도 찾을 수 없단다. 내가 이 땅에 남아서 더 무슨 일을 하며 무슨 목적으로 살아야 하겠느냐?
이 세상에서는 더 바랄 아무런 소망이 없구나. 이 세상에 내가 미련을 두고 조금 더 살아보려고 애쓴 데에는 오직 한 가지 이유가 있었단다. 그것은 내가 죽기 전에 네가 그리스도인이 되는 모습을 꼭 보고 싶었단다. 이제 하나님께서 나의 소망을 이루어 주셨구나. 이제는 네가 세상이 주는 쾌락을 경멸하고 주님의 종이 되었으니 말이다. 이제 내가 이 땅에서 할 일을 다 이루었구나.

경건한 여인 모니카는 아들에게 이 말을 남긴 후에 얼마 있지 않아서 56세의 나이로 하나님의 부름을 받았습니다. 거듭난 사람은 다음의 말씀처럼 됩니다.

주를 향하여 이 소망을 가진 자마다 그의 깨끗하심과 같이 자기를 깨끗하게 하느니라(요일 3:3).

이 말씀처럼 이 땅에서 거룩한 삶을 살려고 부단하게 힘씁니다.

4. 선한 행실이 나타난다

넷째, 거듭나면 선한 행실이 나타납니다. 사도 바울은 말했습니다.

> 우리는 그가 만드신 바라 그리스도 예수 안에서 선한 일을 위하여 지으심을 받은 자니 이 일은 하나님이 전에 예비하사 우리로 그 가운데서 행하게 하려 하심이니라(엡 2:10).

여기에 보면 하나님이 사람을 거듭나게 하는 목적이 그들이 선한 행실을 하도록 하기 위함이라는 것을 알 수 있습니다. 거듭나는 것은 내적인 변화에만 국한되는 것이 아닙니다. 이것은 반드시 외적인 변화로 이어집니다. 이렇게 되는 것은 내적인 변화가 외적인 변화에 영향을 미치기 때문입니다.

스테판 차녹은 이렇게 말하였습니다.

> 만일 새로운 행동이 뒤따르지 않는다면 새로운 창조라고 할 수 없다. 하나님의 가장 중요한 의도와 목적이 성

취되지 않을 수 없기 때문이다. 사람 안에 이루어지는 그리스도의 형상은 잠자고 있거나 활동하지 않는 것이 아니다. 그 사람의 행동 속에서 그리스도의 형상의 향기가 나오게 되어있다.

열매는 뿌리의 본질을 닮은 것이고, 그 뿌리의 본성을 따라서 열매를 맺는다. 새로운 뿌리는 이전의 열매를 맺을 수가 없다. 땡감 나무의 본성이 포도나무로 바뀌게 되었다면 그 나무는 땡감이 아닌 포도를 맺을 것이다. 거룩이 그 본성에 유입되었다면, 그 거룩이 또한 삶 속에서도 드러나게 될 것이다.

거듭난 사람에게는 이처럼 새로운 선한 행실이 나타나게 되어있습니다. 왜냐하면, 거룩이 그 사람의 새로운 본성에 유입되었기 때문입니다.

사도 바울의 삶을 보면 이것을 분명하게 알 수 있습니다. 그는 자신이 고백한 것처럼 과거에는 죄인 중 괴수였습니다. 왜냐하면, 그는 교회를 심히 핍박한 사람이었기 때문입니다. 성경에 보면 과거 바울의 삶은 이렇습니다.

사울이 그가 죽임 당함을 마땅히 여기더라 그 날에 예루살렘에 있는 교회에 큰 박해가 있어 사도 외에는 다 유대와 사마리아 모든 땅으로 흩어지니라 경건한 사람들이 스데반을 장사하고 위하여 크게 울더라 사울이 교회를 잔멸할새 각 집에 들어가 남녀를 끌어다가 옥에 넘기니라(행 8:1-3).

이것이 바울의 과거의 모습입니다.

그러나 그가 어떻게 되었습니까?

그는 거듭나서 전혀 새로운 사람이 되었습니다. 그 이후 그의 삶은 대단히 선하고 거룩합니다.

데이비드 브레이너드 일기에 보면, 아내를 버렸던 한 인디언이 거듭난 후에 자신의 행동을 회개하고 그것을 바로잡는 다음과 같은 이야기가 나옵니다.

8월 14일 온종일 인디언과 함께 지냈다. 이들 중에는 아내를 버리고 상당한 기간을 지내온 한 사람이 있었다. 이런 일은 이들 가운데 흔히 있는 일로 다른 여자를 얻으면 되었다. 그런 그가 상당히 많은 은혜를 받게 된 지금, 자신이 행한 일에 대해 깊은 관심을 기울이기 시작했다.

자신이 행하여 온 사악함을 온전히 회개하는 것 같았다. 그는 현재 주어진 형편 가운데 하나님께서는 그가 어떤 일을 하기를 원하시는지 알고자 열망하였다. 결혼에 관한 하나님의 법이 그들에게 전파되었을 때 그는 아내를 버린 이유를 곰곰이 생각해 보았다. 그녀는 어떤 부정을 저지른 것도 아니었으므로 버림받아야 할 이유가 없었다.

더구나 그녀는 그의 잘못된 과거를 기꺼이 잊어버리고 장래를 위해 그와 화해하여 살기를 원했다. 그녀는 그것이 자신의 당연한 도리라고 생각하고 있었다. 그는 다른 여자와의 관계를 끊어버리고 본처를 맞아 여생을 그녀와 사는 것이 자신의 당연한 의무임을 깨닫게 되었다.

그는 이 일에 기꺼이 동의하고는 이제까지 사귀어온 여성과의 관계를 청산하기로 공적인 선언을 하고 여생을 그의 아내와 살며 정성을 다하겠다고 약속했다. 그녀도 그에게 같은 약속을 하였다. 여기에 하나님 말씀의 능력이 그들의 가슴에 명백히 실현된 것이다. 나는 얼마 전에 온 세상이 다 나서도 이 사람이 그리스도의 법에

순종하도록 할 수는 없으리라고 생각했었다.

사람이 거듭나면 이렇게 과거의 죄악된 행실은 사라지고, 대신에 착하고 선한 행실이 나타나게 됩니다. 예수님은 말씀하셨습니다.

> 이같이 너희 빛이 사람 앞에 비치게 하여 그들로 너희 착한 행실을 보고 하늘에 계신 너희 아버지께 영광을 돌리게 하라(마 5:16).

여기서 "너희 착한 행실"이라고 하였는데, 이것은 거듭난 사람의 선한 행실을 뜻합니다. 예수님은 제자들을 향하여 이렇게 말씀하신 것입니다.

> 너희가 거듭난 사람들이라면 마땅히 착한 행실을 사람들에게 보여주어 그들이 하나님께 영광 돌리게 하라.

거듭나게 되면 반드시 선한 행실이 나타나게 되어있습니다.

5. 땅의 것이 아니라 하늘의 것을 소망한다

다섯째, 거듭나면 땅의 것이 아니라 하늘의 것을 소망하게 됩니다. 사도 바울은 말했습니다.

> 우리가 주목하는 것은 보이는 것이 아니요 보이지 않는 것이니 보이는 것은 잠깐이요 보이지 않는 것은 영원함이라(고후 4:18).

이렇게 거듭나면 보이는 이 땅의 것이 아니라 하늘에 있는 것을 소망하게 됩니다.
이 땅의 것들은 얼마나 허무합니까?
왜냐하면, 그것들은 일시적인 것들이기 때문입니다. 그래서 솔로몬은 이 세상의 모든 것들이 다 헛되다고 하였습니다.

> 전도자가 이르되 헛되고 헛되며 헛되고 헛되니 모든 것이 헛되도다(전 1:2).

영원에 비추어 보면 이 땅의 모든 것들은 잠시 있다가 사라질 것들입니다.

이 땅에 무엇이 영구한 것이 있습니까?

아무것도 없습니다. 아름다움도 잠깐이고 똑똑하다는 말을 듣는 것도 일시적인 칭찬일 뿐입니다. 우리의 가진 재물, 우리가 계획하는 것들, 우리가 관계를 맺고 있는 모든 사람, 우리의 성공과 명예 등 모든 것이 다 지나가는 것들입니다.

거듭난 사람이 바로 이런 진리를 깨닫습니다. 그래서 이 땅의 것들을 추구하지 않습니다. 대신에 그는 하늘에 있는 영원한 것을 추구합니다.

거듭나지 않은 사람들은 온통 이 땅의 것들만을 추구하면서 살아갑니다. 그들은 이 땅에서 많은 재물을 모으기를 소망합니다. 그들은 이 땅의 명예와 안락한 삶을 바라고 추구합니다. 노아 시대의 사람들은 홍수가 나서 멸망을 당하기 직전까지 먹고 마시고 장가들고 시집가는 일에만 관심을 가졌습니다. 그들은 오로지 눈에 보이는 이 세상만을 추구하며 살아갔습니다.

롯의 시대의 사람들이나 소돔과 고모라 사람들도 다 마찬가지입니다. 소돔이 멸망하기 직전까지 그곳 사람들은 먹고 마시고 사고팔고 심고 집을 짓는 일에만 관심을 기울였습니다. 그들은 이 땅에 영원히 살 수 있는 것처럼 그렇게 이 세상의 것들을 집착하며 살았습니다. 이것이 거듭나지 않은 사람들의 모습입니다.

그러나 거듭나게 되면 이제 이 땅의 것들을 소망하지 않습니다. 히브리서에 보면 믿음의 사람들은 모두 하늘의 것들을 소망하였다고 말합니다.

> 이 사람들은 다 믿음을 따라 죽었으며 약속을 받지 못하였으되 그것들을 멀리서 보고 환영하며 또 땅에서는 외국인과 나그네임을 증언하였으니 그들이 이같이 말하는 것은 자기들이 본향 찾는 자임을 나타냄이라 그들이 나온 바 본향을 생각하였더라면 돌아갈 기회가 있었으려니와 그들이 이제는 더 나은 본향을 사모하니 곧 하늘에 있는 것이라 이러므로 하나님이 그들의 하나님이라 일컬음 받으심을 부끄러워하지 아니하시고 그들을 위하여 한 성을 예비하셨느니라(히 11:13-16).

여기 믿음의 사람들은 하늘의 것들을 바라보면서 이 땅에서는 나그네로 살았다고 말합니다. 거듭나게 되면 이 땅의 헛된 것들을 더 추구하지 않고 하늘의 영원한 것들을 소망하며 살아가게 되는 것입니다.

제 6장

이른 시기에 거듭나야 한다

1. 거듭남보다 중요한 것은 없다

인생에서 가장 중요한 일은 거듭나는 것입니다. 왜냐하면, 예수님은 거듭나지 않으면 하나님의 나라에 들어갈 수 없다고 말씀하셨기 때문입니다. 사람이 죽어서 천국에 들어가지 못한다고 하면 그것보다 더 큰 불행은 없습니다.

부자와 나사로 비유에 보면 부자는 이 땅에서 모든 것을 다 소유하였으며 또한 원하는 대로 쾌락을 누리며 살았습니다(참고, 눅 16:19-31). 그러나 그는 죽어서는 영원한 고통 가운데 들어갔습니다.

이것이 과연 행복한 인생입니까?

그렇지 않습니다. 천국에 들어가지 못한다면 그것은 결코 행복한 인생이 될 수 없습니다. 부자와 달리, 거지 나사로는 이 땅에서 살아갈 때 그 삶이 매우 고통스러웠습니다.

그러나 나사로는 죽어서 아브라함의 품에 안겼습니다. 그리고 위로를 받으며 안식을 누렸습니다. 그가 이 땅에 살아있을 때 사람들은 그의 모습을 보고 그가 대단히 불쌍한 사람이라고 여겼을 것입니다.

그러나 그가 죽어서 아브라함의 품에 안겼으니, 누가 그의 인생을 불행하다고 말할 수 있겠습니까?

결코 그는 불행한 사람이 아닙니다. 인생이 행복한지 아니면 불행한지 하는 것은 죽게 된 후에 판가름이 나는 것입니다. 죽어서 영원한 고통 가운데 들어가게 된다면 그 인생은 불행한 것입니다.

그러나 죽어서 영원한 안식에 들어가게 되면 그 인생은 대단히 행복한 것입니다. 그러므로 인생에서 가장 중요한 것은 거듭나는 것입니다. 왜냐하면, 거듭나지 않으면 천국에 들어갈 수 없기 때문입니다.

그런데도 사람들은 영원한 생명을 얻는 것보다 이 땅

의 헛된 것들을 추구하는 것에 정신이 팔려있습니다. 사람들은 궁극적으로 사라져 버릴 재물을 쌓는 일을 열심히 합니다. 그들은 시간이 지나면 사람들의 머리에서 잊혀 버릴 명성을 좇는 데 여념이 없고 또 세상의 쾌락을 추구합니다.

그러나 이 세상은 신기루 같은 허상입니다. 고대 이집트의 영광을 생각해 보시기 바랍니다. 그것이 지금은 수천 년의 세월 속에 폐허가 되어있습니다. 오늘날에는 박물관에 가야지 그 잔해의 일부를 볼 수 있습니다.

영국의 시인 퍼시 쉘리(Percy Shelly)가 쓴 오지만디아스(Ozymandias)에 보면 고대 이집트의 영광이 얼마나 허무한 것인지 하는 것이 잘 나타나 있습니다.

> 나는 고대의 나라에서 온 나그네를 만났는데 그의 이야기다. 몸뚱이 없는 커다란 돌다리 두 개가 사막에 서 있다. 그 근처 모래 속에는 깨어진 얼굴이 반쯤 묻혀있다. 찌푸린 얼굴로 굳게 다문 입, 차갑게 내려다보는 멸시의 표정엔 조각가가 분출한 열정이 생명 없는 물체에 각인되어 있어서 이들을 묘사한 손과 심장의 박동이 아직도 살아남아 있는 것 같다. 받침대엔 이런 말이 쓰

여 있다.

"나의 이름은 왕 중의 왕 오지만디아스다. 너희들 위대한 자들아, 내 업적을 보고 두 손을 들어라! 붕괴된 거대한 폐허 주위에는 남아 있는 것이 아무것도 없다. 적막하고 솟은 것 없이 평평하게 끝없이 뻗어있는 텅 빈 사막밖에는!"

이 얼마나 허무합니까?

한때 찬란한 영광의 위용을 보여주었던 것들이 이제는 폐허로 변해 있습니다. 그처럼 이 세상의 영광은 지나가는 것입니다. 그런데도 사람들은 이 세상의 것들을 추구하는데 정신이 없습니다.

그러나 그렇게 살면 반드시 죽는 순간에 후회하게 됩니다. 루이스 베일리는 죽음을 앞둔 어리석은 사람이 자신의 인생을 후회하는 것을 이렇게 묘사하였습니다.

내가 자랑하던 좋은 집과 옷이 다 무슨 소용인가?
그 맛있던 음식들이 이 순간에 다 무슨 소용인가?
그동안 세상의 재물을 모으려고 애를 써왔을 뿐 내 양심을 위해서 아무것도 한 것이 없구나. 과거에 누렸던 육체의 쾌락도 이제는 다 소용이 없구나. 그런 즐거움은 나를 속이는 어리석은 것이었을 뿐, 사라지는 그림자와 같은 것이구나.

이것이 어리석은 인생의 마지막 후회입니다. 이 땅의 헛된 것들을 추구하는 사람들은 반드시 이렇게 후회하게 됩니다.

인생에서 중요한 것은 거듭나서 영원한 생명을 얻는 것입니다.

사람들이 베드로에게 외쳤습니다.

형제들아 우리가 어찌할꼬(행 2:37).

베드로는 다음과 같이 외치는 자들을 향해 말하였습니다.

너희가 회개하여 각각 예수 그리스도의 이름으로 세례를 받고 죄 사함을 받으라 그리하면 성령의 선물을 받으리니(행 2:38).

또 이렇게 말하였습니다.

> 너희가 이 패역한 세대에서 구원을 받으라(행 2:40).

인생에서 구원을 얻는 것보다 더 중요한 것은 없습니다. 그래서 예수님은 이렇게 말씀해 주셨던 것입니다.

> 사람이 만일 온 천하를 얻고도 제 목숨을 잃으면 무엇이 유익하리요 사람이 무엇을 주고 제 목숨과 바꾸겠느냐(마 16:26).

온 천하를 얻는다 할지라도 구원을 얻지 못한다면 그것은 아무런 유익이 되지 못합니다. 아무리 이 땅에서 많은 것들을 소유하고 또 큰 명성을 얻었다 할지라도 죽어서 멸망을 한다면 그것은 가장 불행한 일입니다. 거듭나서 하나님의 나라에 들어가는 것이 가장 중요합니다.

2. 거듭나기를 간절히 추구하라

그러므로 사람들은 자신들이 거듭난 사람인지를 점검해 보아야 합니다. 거듭나는 것이 인생에서 가장 중요한 일이기 때문에 사람들은 자신들이 과연 거듭났는지 살펴볼 필요가 있습니다. 다음과 같은 질문들을 스스로 던져 보는 것이 좋습니다.

> 과거에 사랑하던 죄를 현재는 미워하고 있는가?
> 하나님을 이전에는 싫어하였는데 이제는 사랑하는가?
> 성경을 읽고 묵상하기를 좋아하는가?
> 하나님의 뜻을 따라 살아가는 것을 기뻐하는가?
> 거룩하게 살아가고자 하는 열망이 있는가?

바로 이와 같은 질문들을 스스로 해 보면 자신들이 진정 거듭난 사람들인지 알 수 있습니다.

그런데 만약 거듭나지 않은 것으로 판단된다면 어떻게 해야 합니까?

그것은 하나님께 간절히 기도해야 합니다. 사람이 스스로 의지나 노력으로 거듭날 수 없으므로 기도로 하나님께 매달려야 합니다. 에스겔 선지자는 이렇게 말했습니다.

> 맑은 물을 너희에게 뿌려서 너희로 정결하게 하되 곧 너희 모든 더러운 것에서와 모든 우상숭배에서 너희를 정결하게 할 것이며 또 새 영을 너희 속에 두고 새 마음을 너희에게 주되 너희 육신에서 굳은 마음을 제거하고 부드러운 마음을 줄 것이며(겔 36:25-26).

이처럼 굳은 마음을 제하여 주시고 부드러운 마음을 달라고 하나님께 기도해야 합니다. 또 시편에서 다윗은 이렇게 말했습니다.

> 하나님이여 내 속에 정한 마음을 창조하시고 내 안에 정직한 영을 새롭게 하소서(시 51:10).

바로 이렇게 간구해야 합니다. 사람이 성령의 역사를 임의로 조정할 수 없지만 성령님이 권능으로 역사하사 거듭나게 해 달라고 기도할 수는 있습니다. 사람들은 자신들의 완고한 마음을 새롭게 변화시켜 달라고 하나님께 간청할 수 있습니다.

그리고 기도할 때는 반드시 하나님의 말씀을 붙들어야 합니다. 왜냐하면, 성령께서는 하나님의 말씀과 함께 역사하시기 때문입니다. 예수님은 말씀하셨습니다.

> 그러나 진리의 성령이 오시면 그가 너희를 모든 진리 가운데로 인도하시리니 그가 스스로 말하지 않고 오직 들은 것을 말하며 장래 일을 너희에게 알리시리라 그가 내 영광을 나타내리니 내 것을 가지고 너희에게 알리시겠음이라(요 16:13-14).

이처럼 성령께서는 진리의 말씀과 함께 역사하십니다. 그러므로 거듭나기를 바라는 사람들은 끊임없이 성경을 읽고 묵상하며 또한 그리스도의 복음을 들어야 합니다. 그럴 때 성령님이 말씀 가운데 역사하셔서 사람을 거듭나게 하십니다.

인생이 매우 짧고 또 언제 죽을지 모르기 때문에 사람들은 더욱 간절히 거듭나기를 추구해야 합니다. 인생은 너무도 짧습니다. 모세는 이렇게 말했습니다.

우리의 모든 날이 주의 분노 중에 지나가며 우리의 평생이 순식간에 다하였나이다 우리의 연수가 칠십이요 강건하면 팔십이라도 그 연수의 자랑은 수고와 슬픔뿐이요 신속히 가니 우리가 날아가나이다(시 90:9-10).

우리의 인생이란 그저 꿈 한 번 꾼 것같이 매우 짧습니다. 또 사람들은 언제 죽을지 아무도 모릅니다. 하나님은 어리석은 부자에게 말씀하셨습니다

오늘 밤에 네 영혼을 도로 찾으리니(눅 12:20).

부자는 자신이 그날 밤에 죽을 것이라고 조금도 생각하지 못했을 것입니다. 그는 새로운 곡식 창고를 만들어 놓고서 오랜 세월 동안 편안하게 살 수 있다고 생각하였습니다.

그러나 하나님은 그날 밤이 그의 마지막 날이 될 것이라고 통보해 주었습니다. 사람들이 죽고 사는 것은 모두 하나님의 주권에 달려있습니다. 사도 야고보는 말하였습니다.

들으라 너희 중에 말하기를 오늘이나 내일이나 우리가 어떤 도시에 가서 거기서 일 년을 머물며 장사하여 이익을 보리라 하는 자들아 내일 일을 너희가 알지 못하는도다 너희 생명이 무엇이냐 너희는 잠깐 보이다가 없어지는 안개니라 너희가 도리어 말하기를 주의 뜻이면 우리가 살기도 하고 이것이나 저것을 하리라 할 것이거늘(약 4:13-15).

여기서 우리의 인생을 잠깐 보이다가 없어지는 안개라고 하였습니다. 그리고 하나님께서 허락하실 때 우리가 이 땅에 살 수 있는 것이라고 말합니다. 모든 것이 하나님의 주권에 달려있습니다. 그리고 우리는 언제 죽을지 모릅니다.

그러므로 사람들은 더욱 간절히 거듭나기를 추구해야 합니다. 인생이 매우 짧고 또한 언제 죽을지 모르므로 거듭나기를 간절히 추구해야 합니다.

3. 그만큼 죄를 덜 짓는다

그런데 이처럼 중요한 거듭나는 일이 인생의 이른 시기에 있게 된다면 그 얼마나 좋겠습니까?

젊음이 지나가기 전에 거듭나는 것이 참으로 좋습니다. 솔로몬은 이렇게 말하였습니다.

> 너는 청년의 때에 너의 창조주를 기억하라 곧 곤고한 날이 이르기 전에, 나는 아무 낙이 없다고 할 해들이 가깝기 전에(전 12:1).

인생의 황금기인 청년의 때가 지나가기 전에 성령으로 거듭나서 하나님을 아는 것이 좋습니다. 사람마다 거듭나는 시기는 각각 다릅니다. 나이가 들어서 거듭나는 사람도 있고 또 어린아이 때 거듭나는 일도 있습니다. 제임스 뷰캐넌은 이렇게 말하였습니다.

> 성경의 많은 사람이 오랫동안 신앙에 무관심하면서 죄를 탐닉하며 살다가 회심을 경험했지만 어떤 사람들은 어려서부터 하나님을 위한 삶을 살도록 훈련받았으며

> 심지어 어머니의 태에서부터 거룩하게 구별된 사람들
> 도 있음을 알 수 있다. 이 두 부류의 사람들이 겪은 경
> 험은 필연적으로 엄청난 차이를 나타낼 것이다. 그러나
> 중생의 본질적 요소가 어떠하든지 이 두 부류의 사람들
> 은 모두 본질적으로 같은 중생을 체험한 사람들이다.

여기서 어느 때 거듭나든지 중생의 본질적 요소는 같다고 하였습니다. 그러나 경험적인 면에서는 이른 시기에 거듭나는 것과 나이가 들어서 거듭나는 것 사이에는 큰 차이가 있습니다.

무엇보다도 이른 시기에 거듭나면 그만큼 죄를 덜 짓습니다. 거듭나기 전에는 육체의 욕심을 따라서 살아가기 때문에 죄 가운데 살게 됩니다. 베드로는 말하였습니다.

> 너희가 음란과 정욕과 술 취함과 방탕과 향락과 무법한
> 우상숭배를 하여 이방인의 뜻을 따라 행한 것은 지나간
> 때로 족하도다(벧전 4:3).

이것은 거듭나지 않았을 때의 죄악된 삶을 말합니다.

또한, 바울은 거듭나기 전의 상태에 대하여 이렇게 말합니다.

> 그러므로 내가 이것을 말하며 주 안에서 증언하노니 이제부터 너희는 이방인이 그 마음의 허망한 것으로 행함 같이 행하지 말라 그들의 총명이 어두워지고 그들 가운데 있는 무지함과 그들의 마음이 굳어짐으로 말미암아 하나님의 생명에서 떠나 있도다 그들이 감각 없는 자 되어 자신을 방탕에 방임하여 모든 더러운 것을 욕심으로 행하되(엡 4:17-19).

거듭나기 전에는 이처럼 육체의 욕심을 따라 여러 가지 죄악 가운데서 살게 됩니다. 그러나 이른 시기에 거듭나게 되면 그만큼 죄를 덜 짓게 됩니다.

청년의 때는 죄의 유혹을 가장 잘 받는 시기입니다. 시편에서 이렇게 말했습니다.

> 청년이 무엇으로 그의 행실을 깨끗하게 하리이까 주의 말씀만 지킬 따름이니이다(시 119:9).

거듭나서 하나님의 말씀으로 인도함을 받지 못하면 청년의 때는 죄악 가운데 살 수밖에 없습니다. 사도 바울은 늦게 거듭난 후에 이렇게 말하며 후회하였습니다.

> 내가 전에는 비방자요 박해자요 폭행자였으나(딤전 1:13).

그는 한때 살기등등하여 하나님의 교회를 핍박하였습니다. 사도 바울은 거듭난 후에 그것을 생각하면서 큰 아픔을 느꼈습니다. 그가 좀 더 이른 시기에 성령으로 거듭나는 일을 경험하였더라면 그런 죄를 짓지 않았을 것입니다. 어거스틴은 그의 책 『참회록』에서 16세에 그가 죄를 즐거워하였던 것을 이렇게 고백합니다.

> 나는 도둑질하려는 욕망이 있었을 뿐만 아니라 실제로 도둑질도 했습니다. 그러나 결코 가난이나 먹을 것이 없어서 한 것은 아닙니다. 진리의 눈을 뜨지 못했고 절제하지 못한 불의의 욕망과 감정 때문이었습니다. 나의 도둑질은 물건이 필요하거나 생활의 안정을 위해서가 아닙니다. 나는 단지 도둑질을 하면서 묘한 쾌감을 느꼈고 도둑질을 비롯한 여러 가지 죄악을 행하는 것이

즐거웠기 때문입니다.

이것이 거듭나지 못한 청년의 마음입니다. 거듭나야지 이런 죄의 유혹을 이길 수 있습니다. 보디발의 아내가 집요하게 유혹하였을 때에 요셉이 그것을 물리칠 수 있었던 것은 그가 거듭난 사람이었기 때문입니다(참고, 창 39:7-13). 그 여인은 용모가 준수하고 아담한 요셉을 향하여 눈짓하면서 동침하자고 하였습니다.

그러나 요셉은 자신은 그런 일을 하여 하나님 앞에 큰 악을 행할 수가 없다고 하면서 그 유혹을 단번에 거절하였습니다. 그런데도 그 여인은 단념하지 않고 계속 요셉을 유혹하였습니다.

어느 날 요셉이 사무적인 일을 하기 위하여 그 집에 들어갔을 때, 그 여인은 그때를 놓치지 않고 요셉을 붙잡으면서 죄를 짓자고 하였습니다. 그때 요셉은 자기 옷을 그 여인의 손에 두고 도망쳐 나왔습니다.

요셉이 이렇게 하나님의 은혜로 죄의 유혹을 물리칠 수 있었던 것은 그가 이른 시기에 거듭났기 때문입니다. 이른 시기에 거듭나면 죄를 덜 짓게 됩니다.

4. 더 많은 은혜를 경험한다

이른 시기에 거듭나게 되는 것의 또 다른 유익은 풍성한 하나님의 은혜를 경험하는 것입니다. 거듭나지 못한 사람들이 죄를 짓고 있는 동안에 하나님의 풍성한 은혜를 경험하며 산다는 것은 참으로 복된 일입니다. 거듭난 사람은 살아가는 동안에 "측량할 수 없는 그리스도의 풍성함"(엡 3:8)을 경험할 수 있습니다.

왜냐하면, 그리스도 안에 무한한 은혜가 있기 때문입니다. 요한은 이렇게 말합니다.

> 말씀이 육신이 되어 우리 가운데 거하시매 우리가 그의 영광을 보니 아버지의 독생자의 영광이요 은혜와 진리가 충만하더라(요 1:14).

또 바울은 이렇게 말합니다.

> 그 안에는 신성의 모든 충만이 육체로 거하시고(골 2:9).

이처럼 그리스도 안에는 말로 다 할 수 없는 부유한 은혜가 있습니다. 스펄전은 은혜의 풍성함에 대해 이렇게 말하였습니다.

> 우리 주님은 현재 우리에게 주실 풍성한 복을 소유하고 계신다. 그분은 우리를 푸른 초장에 눕힐 수 있고 잔잔한 물가로 인도하실 수 있다. 그분은 목자요 우리는 양으로서 우리가 그분의 발 앞에 있을 때 그분의 피리로부터 울려 퍼지는 음악만큼 멋진 음악은 없다. 하늘과 땅 어디에서도 그분의 사랑과 견줄만한 사랑은 없다. 그리스도를 알고 그분 안에서 발견되는 것이야말로 생명이요 기쁨이요 힘과 부요함이요 극상품 포도주다.

그리스도 안에는 이처럼 부유한 은혜가 있습니다.

죄용서의 은혜는 얼마나 놀라운 것입니까?

예수 그리스도의 보혈은 우리의 모든 죄를 다 용서해 주십니다. 거듭난 후에도 때로 죄를 지었을 때 그것을 회개하면 하나님은 풍성한 자비로 우리의 모든 죄악을 다 용서해 주십니다.

그러니 그것은 얼마나 놀라운 사죄의 은혜입니까?

요한은 말했습니다.

만일 우리가 우리 죄를 자백하면 그는 미쁘시고 의로우사 우리 죄를 사하시며 우리를 모든 불의에서 깨끗하게 하실 것이요(요일 1:9).

시편 130편은 시인이 죄를 범하므로 깊은 곳에 빠져서 하나님의 용서를 기다리는 것을 보여줍니다. 시인은 하나님의 풍성한 용서를 바라면서 이렇게 고백합니다.

여호와여 내가 깊은 곳에서 주께 부르짖었나이다 주여 내 소리를 들으시며 나의 부르짖는 소리에 귀를 기울이소서 여호와여 주께서 죄악을 지켜보실진대 주여 누가 서리이까 그러나 사유하심이 주께 있음은 주를 경외하게 하심이니이다 나 곧 내 영혼은 여호와를 기다리며 나는 주의 말씀을 바라는도다 파수꾼이 아침을 기다림보다 내 영혼이 주를 더 기다리나니 참으로 파수꾼이 아침을 기다림보다 더하도다 이스라엘아 여호와를 바랄지어다 여호와께서는 인자하심과 풍성한 속량이 있음이라 그가 이스라엘을 그의 모든 죄악에서 속량하시리로다(시 130:1-6).

하나님은 회개하는 간구를 들으십니다. 그리고 죄용서의 은혜를 베풀어 주십니다. 거듭나게 되면 이처럼 풍성한 사죄의 은혜를 경험하며 살아갈 수 있습니다.

측량할 수 없는 그리스도의 풍성에는 하나님의 놀라운 사랑도 포함되어 있습니다. 거듭나게 되면 일평생을 하나님의 큰 사랑을 경험하게 됩니다. 죄인을 구원하여 주시고 또한 일평생 선한 길로 인도하여 주시는 하나님의 사랑은 참으로 놀랍습니다.

프레데릭 레만이 지은 찬송시의 가사에 보면 하나님의 무한한 사랑이 잘 표현되어 있습니다.

> 그 크신 하나님의 사랑 말로 다 형용 못하네
> 저 높고 높은 별을 넘어 이 낮고 낮은 땅 위에
> 죄 범한 영혼 구하려 그 아들 보내사
> 화목제로 삼으시고 죄 용서하셨네
> 하나님 크신 사랑은 측량 다 못하며
> 영원히 변치 않는 사랑 성도여 찬양하세.

하나님의 사랑은 너무도 크고 놀라운 것입니다. 그래서 레만은 그 찬송 시에서 계속해서 다음과 같이 썼습니다.

하늘을 두루마리 삼고 바다를 먹물 삼아도
한없는 하나님의 사랑을 다 기록할 수 없겠네.

 죄인을 향한 하나님의 사랑은 너무도 놀랍습니다. 거듭나면 바로 이런 풍성한 하나님의 사랑을 경험하며 살 수 있는 것입니다.

5. 복음을 위하여 더 많이 일할 수 있다

 복음을 위하여 더 많이 일할 수 있는 것 또한 이른 시기에 거듭나면 누리게 되는 특권입니다. 거듭나지 못하면 여러 가지 죄악 가운데 살게 되지만 이른 시기에 거듭나게 되면 그만큼 더 하나님의 나라를 위하여 일할 수 있게 되는 것입니다. 디모데는 어린 시절에 거듭났습니다.
 사도 바울은 디모데에 관하여 이렇게 말했습니다.

  또 어려서부터 성경을 알았나니(딤후 3:15).

디모데는 어릴 때부터 구약성경을 배우면서 자라나면서 말씀을 통하여 거듭났습니다. 그리고 그는 젊은 시절부터 복음을 위하여 일할 수 있는 특권을 누렸습니다. 바울이 디모데를 권면하면서 이렇게 말했습니다.

누구든지 네 연소함을 업신여기지 못하게 하고(딤전 4:12).

이것을 보면 디모데는 젊을 때부터 복음을 위하여 수고한 것을 알 수 있습니다. 젊을 때 주를 위하여 일할 수 있다는 것은 크나큰 특권이 아닐 수 없습니다. 다른 사람들은 거듭나지 못한 상태에서 마귀의 노예로 살아가고 있는 동안에 거듭나서 하나님을 위하여 살아간다는 것은 참으로 큰 특권입니다. 나이가 들어서 거듭난 경우에게도 얼마든지 주를 위하여 봉사할 수 있습니다.

그러나 젊은 시절의 열정과 힘은 기대할 수 없습니다. 이른 시기에 거듭나면 타오르는 열정을 가지고 복음을 위하여 힘껏 수고할 수 있게 됩니다.

젊음의 순수한 열정을 마귀에게 바치는 것보다 하나님께 드리는 것이 얼마나 더 큰 특권입니까?

기력이 다 떨어진 상태에서 하나님께 나아와도 하나님

은 사랑으로 받아주십니다. 그러나 그런 사람에게서 힘 있는 수고를 기대할 수는 없는 것입니다.

하지만 이른 시기에 거듭나게 되면, 타오르는 순수한 열정으로 복음을 위하여 더 많이 수고할 수 있게 됩니다.

영국의 위대한 설교자 스펄전은 15세 때 거듭났습니다. 그가 17세가 되었을 때 워터비치에 있는 침례교회로부터 정식 목사가 되어 달라는 요청을 받았습니다. 그는 그 제의를 받아들여서 그 교회를 목회하게 되었는데 처음 부임하여 그 교회에 갔을 때 회중은 40여 명 정도였습니다.

그런데 얼마 있지 않아서 인근 지역에서 사람들이 몰려와서 그 교회의 회중은 400명으로 늘어났습니다. 그의 설교사역으로 인하여 워터비치 마을은 놀랍게 변화되었습니다. 스펄전의 설교를 듣고 변화된 어느 여인은 이런 글을 남겼습니다.

> 당신들은 불경스러움과 술 취하므로 악명높은 마을을 지나쳐본 적이 있습니까?
> 당신들은 술집 기둥에 서 기대있거나 서성거리고 거리를 비틀거리며 돌아다니는 헐벗고 불쌍한 이들을 본 적

이 있습니까?

죄악의 소굴 같은 그들의 집을 들여다보고 아연실색해 본 적이 있습니까?

마을에 사는 사람들의 그런 가난과 타락, 불행을 보고 한숨을 지어본 적이 있습니까?

당신들은 "네, 그렇습니다. 우리는 그런 적이 있습니다"라고 대답을 합니다.

그러나 몇 년 후 그 마을에 복음이 전파되었을 때에 그 마을을 다시 거닐어보는 특권을 가져본 적이 있습니까? 나는 그 특권을 가졌습니다. 그 마을에 한 젊은이가 많은 학식을 가진 건 아니었지만 사람들의 영혼을 구원하려는 성실함을 가지고 찾아왔습니다. 그는 그곳에서 설교를 시작했고 그것이 하나님을 기쁘게 하여 온 마을을 뒤바꾸었습니다.

가장 악명 높은 건달들이 참회의 눈물을 흘렸습니다. 조그만 교구의 수치심을 상징했던 이들이 그곳의 축복이 되어주었습니다. 왜냐하면, 그들은 하나님의 집에 와서 예수 그리스도의 못 박히셨음을 감사함으로 듣고 있었기 때문입니다.

술 취한 모습들은 거의 사라졌고 방탕함도 없어졌으며

사람들은 기쁜 마음으로 일하러 나가고 영원하신 하나님을 찬양합니다. 해가 질 무렵에는 겸손한 농부들이 그들의 아이들을 불러모으고, 성경의 몇 구절을 읽어주며 함께 무릎 꿇고 하나님께 기도합니다.

마을의 이 끝에서 저 끝까지 어디서나 초저녁이 되면 거의 모든 가정에서 찬송하는 소리를 들을 수 있다고 말하는 것이 나의 기쁨이며 행복입니다.

이것이 스펄전이 17, 18세 때 복음 사역을 통하여 얻은 열매입니다. 그는 젊은 시절에 복음을 위하여 수고하는 놀라운 특권을 누렸으며 하나님의 능력을 힘입어 수많은 사람이 회개하고 하나님께로 돌아오는 놀라운 사역을 감당하였습니다.

그리고 1854년 4월, 19세의 나이에 런던의 제일 큰 침례교회였던 뉴파크스트리트침례교회의 목사직을 맡아 달라는 요청을 받아들여서 그곳 목회자가 됩니다. 그 이후 그는 위대한 설교자로서 온 세상 사람들에게 영광스러운 복음을 전하였습니다. 그의 복음 사역으로 인하여 수많은 사람이 하나님의 풍성한 은혜를 누렸습니다.

이른 시기에 거듭나면 이처럼 복음을 위하여 더 많이

수고할 수 있게 됩니다. 젊은 시기에 거듭나지 못하면 죄 가운데 살게 되지만, 이른 시기에 거듭나면 하나님의 나라를 위해 더 많이 수고할 수 있으니 그것이야말로 가장 큰 특권입니다.

바울은 자신이 이 땅을 살아가는 유일한 목적은 오직 복음을 전하는 것이라고 하였습니다. 그는 말하였습니다.

> 내가 그 둘 사이에 끼었으니 차라리 세상을 떠나서 그리스도와 함께 있는 것이 훨씬 더 좋은 일이라 그렇게 하고 싶으나 내가 육신으로 있는 것이 너희를 위하여 더 유익하리라(빌 1:23-24).

바울은 복음을 전하는 일이 아니라면 자신은 이 땅에서 살아갈 아무런 의미가 없다고 말한 것입니다. 복음을 위하여 살 때만 삶의 진정한 의미가 있습니다.

그러므로 이른 시기에 거듭나서 복음을 위하여 더 많이 수고하는 것이 가장 좋습니다. 그렇지 않으면 한 번밖에 살 수 없는 우리의 짧은 인생을 허송세월하게 됩니다. 이른 시기에 거듭나서 하나님을 섬길 수 있는 것보다 더 행복한 것은 없습니다. 젊은 시절이 지나가기 전에 거듭나서 복음을 위하여 더 많이 수고할 수 있어야 하겠습니다.

제 7장

거듭난 자를 위한 천국

1. 죽는 것도 유익함이라

사람이 거듭나게 되면 그의 삶은 그리스도가 모든 것이 됩니다. 사도 바울은 말하였습니다.

> 이는 내게 사는 것이 그리스도니(빌 1:21).

이것은 거듭난 사람의 삶의 특징이 어떠한 것인지를 잘 보여줍니다. 사람이 거듭나게 되면 그의 삶의 기초, 목적, 소망 그리고 즐거움 등 모든 것이 다 예수 그리스도가 됩니다.

무엇을 목적하며 삽니까?

왜 사는 것입니까?

삶의 즐거움은 어디서부터 옵니까?

위로와 힘은 어디서 얻습니까?

이 모든 질문에 대한 답은 오직 예수 그리스도입니다. 조셉 스웨인이 지은 찬송시에 보면 이렇게 말합니다.

나의 진정 사모하는 예수여, 음성조차도 반갑고,

나의 생명과 나의 참 소망은 오직 주 예수뿐일세.

그는 이 찬송 시에서 예수 그리스도가 자기 삶의 기쁨, 소망 그리고 생명이 되신다고 고백합니다. 이것이 바로 바울의 마음입니다. 그에게 있어서 산다는 것은 곧 그리스도입니다. 윌 톰슨의 찬송시에 이런 숭고한 신앙고백이 잘 나타나 있습니다.

예수는 나에게 모든 세상이다

나의 삶이며 나의 기쁨이고 나의 모든 것이다

그는 매일 나의 힘이시며,

그가 없이는 나는 실패할 것이다

슬플 때 나는 그에게로 간다

다른 누구도 그리스도만큼 나를 기쁘게 해 줄 수는 없다

그는 내가 슬플 때 나를 기쁘게 해 준다

그는 나의 친구이다.

여기서 찬송 작사자는 예수님이 자기 삶의 모든 것이라고 고백합니다.

이 얼마나 아름다운 신앙고백입니까?

"이는 내게 사는 것이 그리스도니"(빌 1:21)라는 말씀이 바로 이것을 뜻합니다. 삶의 모든 것이 곧 그리스도라는 것입니다. 삶의 기쁨, 소망, 동기 그리고 목적 등 모든 것이 다 예수 그리스도가 된다는 것입니다. 거듭난 사람의 삶이 바로 이와 같습니다. 그에게 그리스도가 삶의 모든 것이 됩니다.

사도 바울은 자신에게 있어서 사는 것이 그리스도라고 말하고 난 후에 곧이어 죽는 것이 유익하다고 말합니다.

> 이는 내게 사는 것이 그리스도니 죽는 것도 유익함이라
> (빌 1:21).

이 한 문장 속에 바울의 삶과 죽음의 특징이 아주 간결하게 잘 요약되어 있습니다. 그의 삶의 특징은 그리스도입니다. 그리고 죽음의 특징은 유익입니다. 여기서 "유익"이라는 말은 헬라어로 "케르도스"인데 이것은 이익, 이득, 유익, 얻는 것 등을 의미합니다. 바울의 죽음의 특징은 잃는 것이 아니라 얻는 것입니다. 참으로 신기한 일이 아닐 수 없습니다.

일반적으로 사람들은 죽을 때 모든 것을 잃습니다. 사람들은 죽음이 찾아오면 모든 것을 잃어버립니다. 그런데 여기서 죽음에 대해 전혀 다르게 말하는 사람이 있습니다. 그는 바로 바울입니다. 그는 자신에게는 죽음이 잃는 것이 아니고 도리어 얻는 것이라고 말합니다. 즉 죽음은 손실이 아니라 이득이라는 것입니다.

사람들은 죽을 때 모든 것을 다 잃습니다. 그래서 그들은 빈손으로 이 세상을 떠납니다. 그들이 잃지 않는다면 죽을 때 손에 무엇인가를 쥐고 있어야 할 것입니다.

그러나 그들은 죽을 때 아무것도 손에 쥐지 못합니다.

말 그대로 빈손으로 떠나가는 것입니다. 죽기 전에 그들에게 여러 가지 소유물이 있었습니다. 그들의 이름으로 된 통장도 있었고 집과 땅도 있었습니다.

그러나 죽게 되면 그 모든 재산이 자녀나 다른 사람 명의로 넘어갑니다. 재산만 잃는 게 아닙니다. 모든 즐거움도 다 함께 잃어버립니다. 세상의 권세와 명예와 쾌락도 다 잃어버립니다.

또한, 죽으면 가족들과도 작별인사를 해야 합니다. 정말로 죽으면 모든 것을 다 잃습니다. 그래서 사람들에게 죽음은 큰 손실입니다. 그들이 이 땅에 살 때 세상이 그들의 삶의 전부였는데, 죽을 때 그런 세상을 떠나가게 되니 그들은 모든 것을 다 잃어버리는 것입니다. 그들에게 죽음은 큰 손실입니다.

그러나 바울의 죽음의 특징은 잃는 것이 아니라 얻는 것입니다. 이보다 더 놀라운 진리는 없습니다.

어떻게 해서 죽음이 잃는 것이 아닙니까?

모든 사람에게 죽음이 손실인데 어떻게 해서 바울에게는 죽음이 손실이 아니라 이득입니까?

어떻게 해서 바울은 죽는 것도 유익하다고 고백할 수

있는 것입니까?

그 답은 바로 죽어서 그리스도를 만나기 때문입니다. 바울은 죽음으로써 가장 중요한 것을 얻습니다. 그것은 곧 예수 그리스도를 만나는 것입니다. 그는 이 땅에서 예수 그리스도를 사모하며 살았습니다. 그리고 죽어서 그리스도를 만나게 되니 죽음이 그에게 유익입니다.

이것은 모든 거듭난 사람에게 똑같이 적용되는 진리입니다. 그들에게도 죽음이 잃는 것이 아니라 얻는 것입니다. 그들은 이 땅에서 주님을 사모하며 살다가 죽어서 그리스도를 만나 뵙게 되는 것입니다. 그러니 죽음이 그들에게 큰 유익입니다. 거듭난 성도는 죽어서 천국에서 영원한 복락을 누리게 됩니다.

그렇다면 거듭난 사람들에게 천국이란 어떠한 곳입니까?

2. 그리스도와 함께 영원히

첫째, 거듭난 사람들에게 천국은 그리스도와 함께 있는 영원한 곳입니다.

성경이 천국에 대하여 자세하게 말해주지 않습니다. 성경은 인간의 죄에 대해 많이 말합니다. 또 성경은 그리스도의 출생, 공생애 사역, 십자가에서의 죽으심, 그리고 그 이후 부활과 승천에 대해 자세하게 말합니다. 또 성경은 사람이 어떻게 구원을 얻는지 하는 것과 구원받은 후에는 어떻게 살아야 하는지도 많이 말해주고 있습니다.

그러나 거기에 비하면 아쉽게도 성경이 천국에 대하여는 많이 말하지 않습니다.

그 이유가 과연 무엇이겠습니까?

왜 성경이 천국에 대해서는 자세하게 설명해 주지 않습니까?

그것은 인간의 언어가 천국의 영광을 제대로 설명해 낼 수가 없기 때문입니다. 그래서 바울은 천국에 갔다 왔어도 그곳에서 보고 들은 것을 전혀 말하지 않았습니다. 그 이유는 자신의 말을 듣고 사람들이 천국에 대하여 오해할 것이 두려웠기 때문입니다(참고, 고후 12:6).

인간의 언어는 천국의 영광을 묘사하기에는 너무도 제한적입니다. 로이드 존스는 말하였습니다.

> 이 세상에 있는 모든 것이 다 죄된 것이다. 심지어 우리의 언어까지 포함된다. 그러므로 내가 주저함이 없이 주장하는 바는 만약 신약성경이 우리에게 천국과 그리스도와 함께 있는 것에 대한 것을 자세하게 설명해 주었었다면, 우리의 언어는 그것을 오해하였을 것이다.

모든 것이 다 죄악된 이 세상에 있는 인간의 언어로는 천국을 있는 그대로 설명해 줄 수가 없습니다. 존 라일도 같은 말을 하였습니다.

> 나는 천국의 복락에 대하여 조금밖에 말할 수 없다.
> 죽을 수밖에 없는 인간이 어떻게 빛 가운데 있는 성도의 기업의 성격을 온전히 설명할 수 있겠는가?
> 누가 하나님의 자녀들에게 주어질 영광을 묘사할 수 있겠는가?
> 전능하신 주님의 자녀들에게 주어질 영광에 속한 것들은 인간의 말로 설명할 수 없고, 언어로도 부족하다. 인

간의 마음은 그것을 충분히 감지할 수 없고, 혀로도 완전하게 설명할 수 없다.

천국은 이 땅 사람들이 사용하는 말로 설명해 낼 수 없습니다. 그래서 요한계시록에 보면 천국의 모습을 상징으로만 묘사하고 있습니다. 그 상징은 곧 천국은 보석으로 꾸며진 성이라는 것입니다. 사도 요한은 이렇게 말합니다.

> 그 성곽은 벽옥으로 쌓였고 그 성은 정금인데 맑은 유리 같더라 그 성의 성곽의 기초석은 각색 보석으로 꾸몄는데 첫째 기초석은 벽옥이요 둘째는 남보석이요 셋째는 옥수요 넷째는 녹보석이요 다섯째는 홍마노요 여섯째는 홍보석이요 일곱째는 황옥이요 여덟째는 녹옥이요 아홉째는 담황옥이요 열째는 비취옥이요 열한째는 청옥이요 열두째는 자수정이라 그 열두 문은 열두 진주니 각 문마다 한 개의 진주로 되어 있고 성의 길은 맑은 유리 같은 정금이더라(계 21:18-21).

여기서 영광스럽고도 찬란한 천국을 보석으로 꾸며진

성이라고 상징하고 있습니다. 사람의 말로는 천국의 그 찬란한 영광을 도무지 설명할 수 없으므로 이 땅에서 가장 아름답고 귀한 보석에 비유한 것입니다.

그런데 성경이 천국에 대해 자세하게 말하고 있지 않지만 한 가지는 아주 분명하게 말합니다. 그것은 곧 천국이 그리스도와 함께하는 곳이라는 사실입니다. 성경은 이 점에 대해서 아주 분명하게 말합니다. 이것은 오해될 수도 없고 혼란스러울 것이 전혀 없습니다.

천국은 그리스도가 계신 곳입니다. 그리고 성도들은 천국에서 그리스도와 함께 영원히 살게 됩니다. 천국은 바로 그런 곳입니다. 그리스도가 없으면 그곳은 천국이 아닙니다. 그리스도가 계시기에 그곳이 천국입니다. 사도 요한은 말하였습니다.

> 아버지여 내게 주신 자도 나 있는 곳에 나와 함께 있어 (요 17:24).

여기서 천국은 그리스도께서 계신 곳이며, 그곳에 성도들이 함께 있습니다. 예수님은 구원받은 강도에게 말씀하셨습니다.

> 오늘 네가 나와 함께 낙원에 있으리라(눅 23:43).

예수님이 함께 계시기에 낙원이 진정 낙원입니다. 바울은 천국을 주님과 함께 거하는 곳이라고 더욱 분명하게 밝히고 있습니다.

> 우리가 담대하여 원하는 바는 차라리 몸을 떠나 주와 함께 있는 그것이라(고후 5:8).

또한, 바울은 이렇게 말합니다.

> 그 후에 우리 살아남은 자들도 그들과 함께 구름 속으로 끌어올려 공중에서 주를 영접하게 하시리니 그리하여 우리가 항상 주와 함께 있으리라(살전 4:17).

여기서 천국은 주님과 함께 영원히 거하는 곳임을 알 수 있습니다. 그리스도가 계시기에 그곳이 천국입니다. 성도들은 천국에서 그리스도와 함께 영원히 살게 되며 그곳에서 구세주의 구속 사역에 나타난 그 놀라운 사랑과 지혜와 은혜를 깨닫고 감격하게 될 것입니다. 거듭난 자들은 그런 천국에서 무한한 복락을 누리게 됩니다.

3. 감미롭고도 달콤한 안식을 누린다

둘째, 거듭난 사람들에게 천국은 감미롭고도 달콤한 안식을 누리는 곳입니다. 성경에서 이렇게 말합니다.

> 그런즉 안식할 때가 하나님의 백성에게 남아 있도다
> (히 4:9).

하나님의 백성에게 천국은 안식의 장소입니다.

이 땅에서 성도의 삶은 매우 수고롭고 힘듭니다. 왜냐하면, 하나님의 나라를 위해 해야 할 일이 너무도 많을 뿐만 아니라 또한 육체, 세상, 그리고 마귀라는 원수들과 치열하게 싸워야 하기 때문입니다. 하나님의 백성은 한 손에는 삽을 잡고 하나님의 나라를 건설하면서 다른 한 손에는 칼을 잡고 원수들과 싸워야 합니다.

성을 건축하는 자와 짐을 나르는 자는 다 각각 한 손으로 일을 하며 한 손에는 병기를 잡았는데(느 4:17).

이처럼 그리스도인은 싸우면서 일하고 또한 일하면서 싸워야 합니다. 그래서 그의 삶은 매우 힘들고 고단한 것입니다. 그런데 그런 그리스도인이 천국에 들어가게 되면 비로소 달콤한 안식을 누리게 됩니다. 그는 손에 쥐고 있던 삽을 내려놓습니다. 그리고 갑옷도 벗고 칼도 내려놓습니다.

그러니 천국에서의 그 휴식은 얼마나 꿀같이 달겠습니까?

천국은 성도들에게 감미로운 안식을 제공해 줍니다. 요한은 말하였습니다.

또 내가 들으니 하늘에서 음성이 나서 이르되 기록하라 지금 이후로 주 안에서 죽는 자들은 복이 있도다 하시매 성령이 이르시되 그러하다 그들이 수고를 그치고 쉬리니 이는 그들의 행한 일이 따름이라 하시더라(계 14:13).

거듭난 그리스도인은 이 땅에서 복음을 위하여 참으로

많이 수고합니다. 그는 복음을 전하고자 땀을 흘리며 또한 어두움의 세력과 싸우느라 한순간도 편히 쉴 날이 없습니다.

그러나 그가 이제 천국에 들어가게 되면 감미롭고도 달콤한 안식을 누리게 되는 것입니다.

4. 사랑스러운 교제를 나눈다

셋째, 거듭난 사람들에게 천국은 사랑스러운 교제를 나누는 곳입니다. 성령으로 거듭난 자들은 모두 하나님의 가족입니다. 바울은 말하였습니다.

> 그러므로 이제부터 너희는 외인도 아니요 나그네도 아니요 오직 성도들과 동일한 시민이요 하나님의 권속이라(엡 2:19).

하나님의 가족은 언젠가는 천국에서 모두 함께 모일 때가 있습니다. 요한계시록에 보면 그 모습을 이렇게 말합니다.

> 이 일 후에 내가 보니 각 나라와 족속과 백성과 방언에서 아무도 능히 셀 수 없는 큰 무리가 나와 흰옷을 입고 손에 종려 가지를 들고 보좌 앞과 어린 양 앞에 서서 (계 7:9).

여기 각 나라와 족속과 백성과 방언 중에서 구원받은 수많은 무리가 모여있습니다. 그들은 하나님의 대가족입니다. 아브라함, 다윗 그리고 이사야도 그곳에 있을 것이고 또한 베드로, 바울, 디모데 등도 그곳에 있을 것입니다.

모든 시대의 거듭난 그리스도인이 다 그곳에 모이게 될 것입니다. 그런 자들이 함께 모이니 참으로 거대한 무리가 된 것입니다. 그들이 바로 하나님의 대가족의 구성원들입니다.

이들이 하늘에서 만나게 되면 얼마나 서로 친근하겠습니까?

그들은 그리스도의 피로 하나가 된 하나님의 가족이기 때문에 말로 다 할 수 없을 정도로 친밀할 것입니다. 이 땅에서 성도들은 죄로 인하여 서로 오해하기도 하고 또 때로 서먹해지기도 합니다. 그러나 천국에는 죄가 없으므로 그런 일이 전혀 없습니다. 천국에서 하나님의 대가족이 함께 모이면 서로 사랑스러운 교제를 나누게 될 것입니다.

조나단 에드워드가 말한 것처럼, 천국은 "사랑의 나라"입니다.

> 천국에는 사랑스러운 대상만 있습니다. 천국에는 혐오스럽거나 더러운 사람이나 사물이 없습니다. 천국에는 악하거나 불결한 것은 없습니다. 천국에는 자연적 또는 도덕적 결함이 있는 것은 아무것도 없습니다. 천국에 있는 모든 것은 보기에 사랑스러운 것입니다.
>
> 천국에 거하시면서 자신을 영광스럽게 나타내시는 하나님은 무한히 사랑스러운 분이십니다. 천국에는 영광스러운 아버지와 영광스러운 구원자와 영광스러운 성령이 계십니다. 저 복된 사회에 속한 모든 이들은 사랑스럽습니다.
>
> 아버지가 사랑스러운 것처럼, 모든 자녀도 사랑스럽습니다. 몸의 머리가 사랑스러운 것처럼, 몸의 모든 지체도 사랑스럽습니다. 천국에는 사랑스럽지 않은 천사가 없습니다. 천국에는 이 세상에서처럼 천국을 노략질할

악한 천사들이 없습니다. 성도들로 구성된 천국의 교회 안에는 사랑스럽지 않은 사람은 한 사람도 없습니다. 이 세상에서처럼 성도인 체하지만, 사실 비그리스도인이며, 미워하는 마음으로 행동하는 거짓 신앙고백자들이 한 사람도 없습니다.

천국에는 어떤 경우도 공격하거나 미워하는 감정을 품거나 미워하는 행동을 하게 만드는 대상이 하나도 없습니다. 천국에는 모든 대상이 서로를 사랑합니다.

이처럼 천국은 사랑의 나라입니다. 모든 거듭난 성도들로 구성된 하나님의 대가족은 바로 이런 사랑의 나라에서 모여 친밀하고도 사랑스러운 교제를 나누게 될 것입니다.

5. 영원히 평화 가운데 산다

넷째, 거듭난 사람들에게 천국은 영원히 평화 가운데 살 수 있는 곳입니다.

천국에는 싸움이나 분쟁이나 전쟁이 없습니다. 거기에

는 오로지 평화만 있습니다. 그리고 그 평화는 절대로 깨어지지 않습니다. 천국은 하나님이 계시는 도성이기 때문에 그 어떠한 원수도 침범해 들어올 수가 없습니다. 성경에 보면 천국에 대해 이렇게 말하였습니다.

> 그의 권세는 소멸되지 아니하는 영원한 권세요 그의 나라는 멸망하지 아니할 것이니라(단 7:14).

> 썩지 않고 더럽지 않고 쇠하지 아니하는 유업을 잇게 하시나니 곧 너희를 위하여 하늘에 간직하신 것이라 (벧전 1:4).

이처럼 천국은 패망하거나 약해지지 않는 나라입니다.
하나님이 지으시고 거하시는 성인데 누가 감히 그 성을 침략할 수 있겠습니까?
아무도 그 성을 침범할 수 없습니다. 시인은 말하였습니다.

> 하나님이 그 성 중에 계시매 성이 흔들리지 아니할 것이라(시 46:5).

하나님이 그 성에 계시기 때문에 천국은 평화로운 나라가 되는 것입니다. 그곳에 사는 모든 거듭난 성도로 구성된 천국 백성은 영원한 평화를 누리며 살게 됩니다.

6. 온 우주에 울려 퍼지는 찬송의 소리

거듭난 성도들은 참으로 복됩니다. 왜냐하면, 그들은 천국에서 그리스도와 함께 영원히 살면서 무한한 복락을 누리기 때문입니다. 그들은 천국에서 감미롭고도 달콤한 안식을 누립니다. 그들은 하나님의 가족으로 서로 사랑스러운 교제를 나눕니다. 그들은 하나님이 계시는 성안에서 평화 가운데 살아갑니다. 그래서 거듭난 성도들은 참으로 행복한 자들입니다.

루이스 베일리는 그의 책 『청교도에게 배우는 경건』에서 이렇게 말하였습니다.

> 하나님은 거듭난 신자가 죽는 순간 하늘나라에 이르는 길 중간에서 사랑과 애정으로 그를 맞이하신다. 죽음은 신자에게 낯선 것도 아니고 두려운 것도 아니다. 이미

신자는 날마다 죽는 경험을 했을 뿐 아니라 자신의 생명이 그리스도와 함께 하나님 안에 감추어졌음을 알기 때문이다. 그러므로 죽음은 신자에게 아무런 영향을 끼칠 수 없다.

신자에게 죽음이란 이 세상의 모든 수고에서 벗어나 아버지의 집, 곧 영원한 하나님의 도성인 하늘의 예루살렘으로 돌아가 안식을 누리는 것을 의미한다. 신자는 영원한 하늘나라에서 천사들을 비롯해 거듭난 장자들, 재판관이신 하나님, 완전케 된 영혼들, 새 언약의 중보자이신 예수 그리스도와 함께 거하게 된다.

이처럼 거듭난 신자는 죽어서 아버지의 집, 곧 영원한 하나님의 도성인 하늘의 예루살렘에서 영원한 복락을 누리게 됩니다. 천국은 하나님께서 거듭난 자들을 위하여 예비해 놓으신 곳입니다. 그곳은 거듭나지 않은 자들은 결코 들어갈 수 없습니다. 예수님은 분명하게 말씀하셨습니다.

> 사람이 물과 성령으로 나지 아니하면 하나님의 나라에 들어갈 수 없느니라(요 3:5).

사람이 거듭나지 않으면 천국에 절대로 들어가지 못합니다. 사람들은 자신들이 이 땅에서 어떻게 살았든지 상관없이 죽으면 자동으로 천국에 들어가게 될 것이라고 막연하게 소망합니다. 마치 죽음 그 자체가 모든 잘못을 용서해 주는 면죄부인 것처럼 생각하는 것입니다.

그러나 천국은 막연하게 소망한다고 갈 수 있는 곳이 아닙니다. 천국에 들어가려면 반드시 성령으로 거듭나야 합니다. 천국은 오직 거듭난 자들만이 들어갈 수 있는 곳입니다. 하나님이 오직 그들만을 위해 지극히 풍요롭고 아름다운 천국을 예비해 주셨습니다.

그곳은 얼마나 좋은 곳인지 모릅니다. 천국은 사람들이 상상하는 것보다 훨씬 더 좋은 곳입니다. 사도 요한은 천국을 맑은 생명수 강이 흐르고, 그 강 좌우에 열두 가지 열매를 맺는 생명나무가 있는 것으로 묘사해 주었습니다. 천국은 그처럼 부유하고도 풍요로운 곳입니다.

거듭난 자들은 바로 그런 부유한 천국에 들어가서 무한한 복락을 누리게 됩니다. 그 모든 것이 하나님의 은혜이기에 감사와 환희 가운데 그들이 하나님을 찬송할 때 그 장엄하고도 웅장한 찬송의 소리가 온 우주에 울려 퍼지게 될 것입니다.

이 일 후에 내가 보니 각 나라와 족속과 백성과 방언에서 아무도 능히 셀 수 없는 큰 무리가 나와 흰옷을 입고 손에 종려 가지를 들고 보좌 앞과 어린 양 앞에 서서 큰 소리로 외쳐 이르되 구원하심이 보좌에 앉으신 우리 하나님과 어린 양에게 있도다 하니 모든 천사가 보좌와 장로들과 네 생물의 주위에 서 있다가 보좌 앞에 엎드려 얼굴을 대고 하나님께 경배하여 이르되 아멘 찬송과 영광과 지혜와 감사와 존귀와 권능과 힘이 우리 하나님께 세세토록 있을지어다 아멘 하더라(계 7:9-12).